무량공덕 사경 **8**

三千拜三千佛

권하는 글

사경은 무량공덕의 기도

무비스님

"일심(一心)이 청정하면 일신(一身)이 청정하고 일신이 청정하면 다심(多心)이 청정하고 다심이 청정하면 시방중생의 원각(圓覺)이 청정하다." (원각경)

이것은 부처님께서 하신 말씀으로 마음 하나가 편안하면 이 몸도 편할 것이요, 내 몸과 마음이 편안하면 이웃도 편안하게 할 수 있고 온 나라와 세계가 편안하게 된다는 것입니다.

이는 부처님께서 49년간 설법하신 팔만대장경의 요지로써 '정불국토(淨佛國土)'라 하여 불국토를 청정하게 하는 길이라는 것입니다.

'모든 성인들이 이 세상에 잠시 왔다가 불을 밝히시고 다시 떠나는 것은 일체의 성현이 여전불(如電佛)이기 때문이다'라고 이렇게 부처님께서 말씀하셨습니다.

또한 과거의 일천 부처님이 모든 억천중생을 위해서 설법하셨고 현재의 현겁천불이 모든 중생을 위해서 설법하고 계십니다.

미래에도 일천불이 계시어 과거 현재 미래 삼세의 삼천불에게 한 차례씩 절을 하는 것이 바로 삼천배입니다. 그래서 108배, 3천배로써 참회를 하고 업장을 소멸해야 합니다.

죄가 없어지면 복이 생기게 되고 복이 오면 마음이 신령스러워지는 것은 부처님의 가피를 입어 성불하는 것입니다. 그러니 지극한 마음으로 열 손가락 두 손바닥을 합하여 합장하고 이 법문을 듣고 실천 수행하십시오.

경전을 통한 수행에는 네 가지를 듭니다. 서사(書寫)·수지(受持)·독송(讀誦)·해설(解說)이 그것입니다. 서사란 사경(寫經)으로서 경전을 쓰는 일입니다. 경전을 쓰는 일은 온 몸과 마음을 다해야 하기 때문에 최상제일이며 무량공덕의 기도가 됩니다. 사람이 살아가는 일에 있어서 이보다 더 소중하고 값진 일은 없을 것입니다.

사경공덕수승행 무변승복개회향
寫經功德殊勝行 無邊勝福皆廻向
보원침익제유정 속왕무량광불찰
普願沈溺諸有情 速往無量光佛刹

경을 쓰는 이 공덕 수승하여라.
가없는 그 복덕 모두 회향하여
이 세상의 모든 사람 모든 생명들
무량광불 나라에서 행복하여지이다.

불기 2545년 동안거

발 원 문

사경제자 :   합장

사경시작 일시 :   년   월   일

사 경 의 식

삼귀의례

거룩한 부처님께 귀의합니다.

거룩한 가르침에 귀의합니다.

거룩한 스님들께 귀의합니다.

개경게

가장 높고 미묘하신 부처님 법

백천만 겁 지나도록 인연 맺기 어려워라

내가 이제 불법진리 보고 듣고 옮겨 쓰니

부처님의 진실한 뜻 깨우치기 원합니다.

사경발원

자신이 세운 원을 정성스런 마음으로 발원한다.

입정

정좌해서 마음을 고요히 하여 사경할 자세를 갖춘다.

사경시작

사경끝남

사경봉독
   손수 쓴 경전을 소리내어 한 번 독송한다.

사경회향문
   경을 쓰는 이 공덕 수승하여라
   가없는 그 복덕 모두 회향하여
   이 세상의 모든 사람 모든 생명들
   무량광불 나라에서 행복하여지이다.

불전삼배

사홍서원
   중생을 다 건지오리다.
   번뇌를 다 끊으오리다.
   법문을 다 배우오리다.
   불도를 다 이루오리다.

三千拜 三千佛
삼천배 삼천불

過去莊嚴劫千佛
과거장엄겁천불

南無華光佛
나무화광불

南無師子步佛
나무사자보불

南無火奮迅通佛
나무화분신통불

南無無限光佛
나무무한광불

南無成就佛
나무성취불

南無人中尊佛
나무인중존불

南無能仁化佛
나무능인화불

南無曜聲佛
나무요성불

南無善寂慧月聲自在王佛
나무선적혜월성자재왕불

南無最上威佛
나무최상위불

南無趣安樂佛 나무취안락불
南無供養廣稱佛 나무공양광칭불
南無音施佛 나무음시불
南無電燈光佛 나무전등광불
南無大燈光佛 나무대등광불
南無除狐疑佛 나무제호의불
南無住阿僧祇精進功德佛 나무주아승지정진공덕불

南無寶正見佛 나무보정견불
南無師子音佛 나무사자음불
南無寶中佛 나무보중불
南無蓮華光佛 나무연화광불
南無淨聲佛 나무정성불
南無無量威神佛 나무무량위신불
南無護妙法幢佛 나무호묘법당불

南無喜可威神佛 나무희가위신불
南無德鎧佛 나무덕개불
南無喜可威佛 나무희가위불
南無無量藏佛 나무무량장불
南無廣稱佛 나무광칭불
南無尊悲佛 나무존비불
南無雲普護佛 나무운보호불

南無散疑佛 나무산의불
南無善見佛 나무선견불
南無不藏覆佛 나무부장부불
南無光遊戲佛 나무광유희불
南無捨旛佛 나무사번불
南無普見佛 나무보견불
南無金剛合佛 나무금강합불

南無智慧來佛 나무지혜래불
南無無量像佛 나무무량상불
南無美意佛 나무미의불
南無動山嶽王佛 나무동산악왕불
南無住覺佛 나무주각불
南無悅解脫佛 나무열해탈불
南無普見事見佛 나무보견사견불

南無喜廣稱佛 나무희광칭불
南無大悅佛 나무대열불
南無不動勇步佛 나무부동용보불
南無焰聚光佛 나무염취광불
南無聲德佛 나무성덕불
南無無憂度佛 나무우도불
南無大乘導佛 나무대승도불

南無普火佛 나무보화불
南無自在光佛 나무자재광불
南無淨光佛 나무정광불
南無除疑佛 나무제의불
南無終步佛 나무종보불
南無奉敬稱佛 나무봉경칭불
南無能伏運佛 나무능복운불

南無國供養佛 나무국공양불
南無說最恭敬佛 나무설최공경불
南無師子奮迅佛 나무사자분신불
南無勿成就佛 나무물성취불
南無火光佛 나무화광불
南無攝根敬悅聲佛 나무섭근경열성불
南無終聲佛 나무종성불

一三

南無思惟眾生佛 나무사유중생불
南無德王佛 나무덕왕불
南無千雲雷聲王佛 나무천운뇌성왕불
南無無崖際見佛 나무무애재견불
南無等善佛 나무등선불
南無普現佛 나무보현불
南無意稱佛 나무의칭불

南無神足光佛 나무신족광불
南無吼聲佛 나무후성불
南無廣曜佛 나무광요불
南無師子香佛 나무사자향불
南無廣施佛 나무광시불
南無善像佛 나무선상불
南無寶淨佛 나무보정불

南無上光佛 나무상광불

南無金剛齊佛 나무금강재불

南無慧幢佛 나무혜당불

南無威儀意佛 나무위의의불

南無諦意佛 나무제의불

南無成就娑羅自在王佛 나무성취사라자재왕불

南無喜思惟佛 나무희사유불

南無廣步佛 나무광보불

南無決覺佛 나무결각불

南無無動覺佛 나무무동각불

南無普像佛 나무보상불

南無光音聲佛 나무광음성불

南無無量火光佛 나무무량화광불

南無藏稱佛 나무장칭불

南無法幢空俱蘇摩王佛 나무법당공구소마왕불
南無須彌力佛 나무수미력불
南無金剛王佛 나무금강왕불
南無美音聲佛 나무미음성불
南無眾生所疑佛 나무중생소의불
南無無減出佛 나무무감출불
南無美聲佛 나무미성불

南無難勝佛 나무난승불
南無摩尼珠佛 나무마니주불
南無金上威佛 나무금상위불
南無山勝佛 나무산승불
南無歡喜藏勝山王佛 나무환희장승산왕불
南無悅意佛 나무열의불
南無梵聲龍奮迅佛 나무범성룡분신불

南無月燈明佛 나무월등명불

南無德淨德光佛 나무덕정덕광불

南無見有緖佛 나무견유서불

南無世間勝上佛 나무세간승상불

南無綿光佛 나무면광불

南無天中尊佛 나무천중존불

南無無量光明佛 나무무량광명불

南無法海潮功德王佛 나무법해조공덕왕불

南無慧事佛 나무혜사불

南無懷見佛 나무회견불

南無人音佛 나무인음불

南無戒步佛 나무계보불

南無敬懷談佛 나무경회담불

南無德施佛 나무덕시불

南無大須彌佛 나무대수미불
南無賢意佛 나무현의불
南無大淸淨佛 나무대청정불
南無意淨佛 나무의정불
南無人乘力士佛 나무인승력사불
南無勇猛山佛 나무용맹산불
南無勝聲佛 나무승성불

南無眞悅佛 나무진열불
南無金上佛 나무금상불
南無尊意佛 나무존의불
南無蓮華體佛 나무연화체불
南無常勝意佛 나무상승의불
南無師子聲佛 나무사자성불
南無喜解佛 나무희해불

南無善住諸禪藏王佛 나무선주제선장왕불

南無自光佛 나무자광불

南無無濁利佛 나무무탁리불

南無成就意佛 나무성취의불

南無除地重佛 나무제지중불

南無決思惟佛 나무결사유불

南無聚集寶佛 나무취집보불

南無尊上自在佛 나무존상자재불

南無相好佛 나무상호불

南無尊光佛 나무존광불

南無無煩熱佛 나무무번열불

南無最焰光佛 나무최염광불

南無眞諦日佛 나무진제일불

南無剖華光佛 나무부화광불

南無名稱幢佛 나무명칭당불
南無法燈明佛 나무법등명불
南無軍將敬像佛 나무군장경상불
南無離一切染意佛 나무리일체염의불
南無散華莊嚴光佛 나무산화장엄광불
南無薩利樹王佛 나무살리수왕불
南無解味佛 나무해미불

南無德悅佛 나무덕열불
南無威光悅佛 나무위광열불
南無師子遊步佛 나무사자유보불
南無海意佛 나무해의불
南無蓋聚佛 나무개취불
南無金光明師子奮迅王佛 나무금광명사자분신왕불
南無滅根佛 나무멸근불

南無月勝佛 나무월승불
南無須彌光明佛 나무수미광명불
南無敏步佛 나무민보불
南無法光佛 나무법광불
南無普照積上功德王佛 나무보조적상공덕왕불
南無善住功德如意積王佛 나무선주공덕여의적왕불
南無普解佛 나무보해불

南無華香佛 나무화향불
南無月明佛 나무월명불
南無政明佛 나무정명불
南無戒悅佛 나무계열불
南無大自在佛 나무대자재불
南無益天佛 나무익천불
南無成就義修佛 나무성취의수불

南無人中光佛 나무인중광불
南無見精進佛 나무견정진불
南無名稱幡佛 나무명칭번불
南無普悅佛 나무보열불
南無決散佛 나무결산불
南無調意佛 나무조의불
南無普攝佛 나무보섭불

南無好德佛 나무호덕불
南無名稱仙佛 나무명칭신불
南無焰面佛 나무염면불
南無身光普照佛 나무신광보조불
南無尊上德佛 나무존상덕불
南無愛懷敬供養佛 나무애회경공양불
南無道悅佛 나무도열불

南無思意佛 나무사의불

南無出意佛 나무출의불

南無山意佛 나무산의불

南無雜色光佛 나무잡색광불

南無雷聲佛 나무뇌성불

南無火光身佛 나무화광신불

南無德巖佛 나무덕암불

南無無垢慧深聲王佛 나무무구혜심성왕불

南無無憂懷佛 나무무우회불

南無天界佛 나무천계불

南無師子無量音佛 나무사자무량음불

南無正念海佛 나무정념해불

南無見敬懷佛 나무견경회불

南無樹王豊長佛 나무수왕풍장불

南無調幢佛 나무조당불
南無敬懷明佛 나무경회명불
南無無畏施佛 나무무외시불
南無月中天佛 나무월중천불
南無大名稱佛 나무대명칭불
南無說敬懷佛 나무설경회불
南無三昧勝奮迅佛 나무삼매승분신불

南無普方聞佛 나무보방문불
南無月幢佛 나무월당불
南無星王佛 나무성왕불
南無光明日佛 나무광명일불
南無喜音佛 나무희음불
南無名稱體佛 나무명칭체불
南無美悅佛 나무미열불

南無妙樂尼佛 나무묘락니불
南無懷地佛 나무회지불
南無慈調佛 나무자조불
南無廣大智佛 나무광대지불
南無功德輪佛 나무공덕륜불
南無法界身佛 나무법계신불
南無見月佛 나무견월불

南無衆生眼佛 나무중생안불
南無棄威毀惡佛 나무기위훼악불
南無尊中上佛 나무존중상불
南無妙藥佛 나무묘약불
南無離畏佛 나무리외불
南無虛空燈佛 나무허공등불
南無諸摩尊佛 나무제마존불

南無大尊上佛 나무대존상불
南無意光佛 나무의광불
南無調益遊佛 나무조익유불
南無現身佛 나무현신불
南無香感佛 나무향감불
南無金色身佛 나무금색신불
南無豊光佛 나무풍광불

南無光明身佛 나무광명신불
南無金藏佛 나무금장불
南無光日佛 나무광일불
南無常修行佛 나무상수행불
南無瑠璃華佛 나무유리화불
南無日燈明佛 나무일등명불
南無說敬愛佛 나무설경애불

南無善思益佛 나무선사익불

南無普見善佛 나무보견선불

南無師子旛佛 나무사자번불

南無普仙佛 나무보선불

南無大遊步佛 나무대유보불

南無曜蓮華光佛 나무요연화광불

南無山吼自在王佛 나무산후자재왕불

南無無量悅佛 나무무량열불

南無無染佛 나무무염불

南無天蓋佛 나무천개불

南無能作無畏佛 나무능작무외불

南無車乘佛 나무거승불

南無龍勝佛 나무용승불

南無支味佛 나무지미불

南無車光佛 나무거광불
南無無礙眼佛 나무무애안불
南無大燈明佛 나무대등명불
南無山積佛 나무산적불
南無法典佛 나무법전불
南無無畏敬懷佛 나무무외경회불
南無威神光明佛 나무위신광명불

南無日眼佛 나무일안불
南無共遊步佛 나무공유보불
南無盛長佛 나무성장불
南無德體佛 나무덕체불
南無風敬佛 나무풍경불
南無慧幡佛 나무혜번불
南無月施佛 나무월시불

南無攝愛擇佛 나무섭애택불
南無善事佛 나무선사불
南無光屈佛 나무광굴불
南無焰幢佛 나무염당불
南無寶悅佛 나무보열불
南無善思意佛 나무선사의불
南無作利益佛 나무작리익불

南無無垢色佛 나무무구색불
南無甘露光佛 나무감로광불
南無法州佛 나무법주불
南無無邊精進佛 나무무변정진불
南無普思佛 나무보사불
南無護一切佛 나무호일체불
南無須彌劫佛 나무수미겁불

南無光音佛 나무광음불
南無眞正幢佛 나무진정당불
南無大檀施佛 나무대단시불
南無無量天佛 나무무량천불
南無大檀施佛 나무대단시불
南無光中日佛 나무광중일불
南無照三世佛 나무조삼세불
南無施天種佛 나무시천종불

南無智山佛 나무지산불
南無善住意佛 나무선주의불
南無尊華佛 나무존화불
南無大幢佛 나무대당불
南無妙法光明佛 나무묘법광명불
南無智自在佛 나무지자재불
南無智佛 나무지불
南無見以度佛 나무견이도불

南無殊勝相佛 나무수승상불
南無普伏佛 나무보복불
南無無見死佛 나무무견사불
南無善攝佛 나무선섭불
南無智慧燈佛 나무지혜등불
南無深覺佛 나무심각불
南無彌留佛 나무미유불

南無孔雀聲佛 나무공작성불
南無虛空雲佛 나무허공운불
南無名稱敬愛佛 나무명칭경애불
南無天中悅佛 나무천중열불
南無大聚佛 나무대취불
南無無量遊步佛 나무무량유보불
南無明聚佛 나무명취불

南無大重佛 나무대중불
南無勝天佛 나무승천불
南無月敬懷佛 나무월경회불
南無說悅佛 나무설열불
南無智燈照曜王佛 나무지등조요왕불
南無神足光明佛 나무신족광명불
南無無量光焰佛 나무무량광염불

南無大遊佛 나무대유불
南無調益遊步佛 나무조익유보불
南無願海光佛 나무원해광불
南無慧光佛 나무혜광불
南無華聚佛 나무화취불
南無不可勝奮迅聲王佛 나무불가승분신성왕불
南無調體佛 나무조체불

南無光稱佛 나무광칭불
南無大力光相佛 나무대력광상불
南無無比慧佛 나무무비혜불
南無世聽聞佛 나무세청문불
南無最上名稱佛 나무최상명칭불
南無寶正佛 나무보정불
南無快光佛 나무쾌광불

南無寶幢佛 나무보당불
南無日幢佛 나무일당불
南無多所饒益佛 나무다소요익불
南無遊神足佛 나무유신족불
南無淸淨面月藏德佛 나무청정면월장덕불
南無無能毀名稱佛 나무무능훼명칭불
南無滿足心佛 나무만족심불

南無諂意佛 나무첨의불
南無一念光佛 나무일념광불
南無大護佛 나무대호불
南無無迷步佛 나무무미보불
南無善悅懌佛 나무선열역불
南無施光佛 나무시광불
南無解脫光佛 나무해탈광불

南無獨步佛 나무독보불
南無無邊功德寶作佛 나무무변공덕보작불
南無天幢佛 나무천당불
南無妙眼佛 나무묘안불
南無樂說莊嚴雲吼佛 나무요설장엄운후불
南無懷天佛 나무회천불
南無持德佛 나무지덕불

南無潤意佛 나무윤의불
南無海豐佛 나무해풍불
南無廣大善眼淨除疑佛 나무광대선안정제의불
南無世主身佛 나무세주신불
南無法起佛 나무법기불
南無迷思佛 나무미사불
南無諂名稱佛 나무첨명칭불

南無道光佛 나무도광불
南無道喜佛 나무도희불
南無樂說山佛 나무요설산불
南無法力自在勝佛 나무법력자재승불
南無法體勝佛 나무법체승불
南無德上佛 나무덕상불
南無大淨佛 나무대정불

南無大衆自在勇猛佛 나무대중자재용맹불
南無悅攝佛 나무열섭불
南無毘頭羅佛 나무비두라불
南無衆勝解脫佛 나무중승해탈불
南無月敬哀佛 나무월경애불
南無法勇猛佛 나무법용맹불
南無名稱上佛 나무명칭상불

南無天光明佛 나무천광명불
南無一切福德山佛 나무일체복덕산불
南無地悅佛 나무지열불
南無雜光佛 나무잡광불
南無示現無畏雲佛 나무시현무외운불
南無開示無量智佛 나무개시무량지불
南無月眼佛 나무월안불

南無龍天佛 나무용천불
南無德覺佛 나무덕각불
南無世敬哀佛 나무세경애불
南無十力自在佛 나무십력자재불
南無淨迦羅迦決定威德佛 나무정가라가결정위덕불
南無龍自在王佛 나무용자재왕불
南無說敬哀佛 나무설경애불

南無摩醯首羅自在佛 나무마혜수라자재불
南無華上佛 나무화상불
南無無盡受光佛 나무무진수광불
南無三世華光佛 나무삼세화광불
南無十方幢佛 나무시방당불
南無梵自在王佛 나무범자재왕불
南無寂敬愛佛 나무적경애불

南無地光佛 나무지광불
南無尊光明佛 나무존광명불
南無天喜佛 나무천희불
南無淨音佛 나무정음불
南無解脫日佛 나무해탈일불
南無覺光佛 나무각광불
南無善覺佛 나무선각불

南無作德佛 나무작덕불
南無善處佛 나무선처불
南無普光明佛 나무보광명불
南無大能佛 나무대능불
南無衆勝佛 나무중승불
南無德名稱佛 나무덕명칭불
南無散異疑佛 나무산이의불

南無師子渴愛佛 나무사자갈애불
南無大親佛 나무대친불
南無天所恭敬佛 나무천소공경불
南無敬愛佛 나무경애불
南無淨王佛 나무정왕불
南無香施佛 나무향시불
南無持意佛 나무지의불

南無德步佛 나무덕보불
南無現住佛 나무현주불
南無海文飾佛 나무해문식불
南無須彌旛佛 나무수미번불
南無智慧嶽佛 나무지혜악불
南無寂靜然燈佛 나무적정연등불
南無能仙悅佛 나무능선열불

南無寶燈明佛 나무보등명불
南無見衆佛 나무견중불
南無歡悅事佛 나무환열사불
南無悅見佛 나무열견불
南無淨眼佛 나무정안불
南無不迷步佛 나무불미보불
南無好解脫佛 나무호해탈불

南無焰光佛 나무염광불
南無敬愛住佛 나무경애주불
南無德調體佛 나무덕조체불
南無無畏親佛 나무무외친불
南無寂心佛 나무적심불
南無尊眼佛 나무존안불
南無覺悟本佛 나무각오본불

南無最上衆佛 나무최상중불

南無自事佛 나무자사불

南無光明名稱佛 나무광명명칭불

南無親展佛 나무친전불

南無焰音佛 나무염음불

南無無著勝佛 나무무착승불

南無無煩熱意佛 나무무번열의불

南無散光佛 나무산광불

南無寂勝岸佛 나무적승안불

南無光明照佛 나무광명조불

南無月賢佛 나무월현불

南無德調佛 나무덕조불

南無相王佛 나무상왕불

南無尊敬佛 나무존경불

南無神足悅佛 南無敏敎佛 南無敬慧佛 南無大善日佛 南無寂勝佛 南無□□□佛 南無法大佛

南無□蓋佛 南無天在佛 南無德密佛 南無無畏佛 南無功德佛 南無□淨佛 南無□□佛

南無龍光佛 나무용광불
南無彌留嶽佛 나무미유악불
南無慙愧面佛 나무참괴면불
南無寶嶽佛 나무보악불
南無月尊上佛 나무월존상불
南無德幢佛 나무덕당불
南無無畏友佛 나무무외우불

南無威神步佛 나무위신보불
南無見生死衆際佛 나무건생사중제불
南無焰色像佛 나무염색상불
南無寂意佛 나무적의불
南無常禪思佛 나무상선사불
南無衆生中尊佛 나무중생중존불
南無不動眼佛 나무부동안불

南無勝怨佛 나무승원불
南無調巖佛 나무조암불
南無世所尊佛 나무세소존불
南無敬戒佛 나무경계불
南無師子奮迅遊佛 나무사자분신유불
南無名稱悅佛 나무명칭열불
南無除過佛 나무제과불

南無遊光步佛 나무유광보불
南無一相光佛 나무일상광불
南無觀方佛 나무관방불
南無世悅焰佛 나무세열염불
南無無濁意佛 나무무탁의불
南無決斷意佛 나무결단의불
南無善寂諸根佛 나무선적제근불

南無德身佛 나무덕신불
南無光好喜佛 나무광호희불
南無雜色佛 나무잡색불
南無行勝佛 나무행승불
南無三界尊佛 나무삼계존불
南無輪天蓮華佛 나무륜천연화불
南無普賢佛 나무보현불

南無因藏佛 나무인장불
南無直步佛 나무직보불
南無普放光佛 나무보방광불
南無常忍佛 나무상인불
南無無勝佛 나무무승불
南無堅奮迅佛 나무견분신불
南無尊威神佛 나무존위신불

南無盈利意佛 나무영리의불
南無蓮華眼佛 나무연화안불
南無樹幢佛 나무수당불
南無普照佛 나무보조불
南無德香悅佛 나무덕향열불
南無德度佛 나무덕도불
南無慧燈佛 나무혜등불

南無護王佛 나무호왕불
南無思名稱佛 나무사명칭불
南無淨護佛 나무정호불
南無寶法勝決定佛 나무보법승결정불
南無智者讚佛 나무지자찬불
南無無畏王佛 나무무외왕불
南無威力佛 나무위력불

四六

南無普見王佛 나무보견왕불
南無覺慧佛 나무각희불

나무보오나불
나무보민음불
南無慧炬照... 나무혜연...불
南無金剛勝佛 나무금강승불
南無度衆疑佛 나무도중의불
南無勝怨悅佛 나무승원열불

나무보세회...불
나무대용불
南無持... 나무지각불
南無尊敎授佛 나무존교수불
南無捨淨佛 나무사정불
南無一切故愛佛 나무일체고애불

南無師子娛樂佛 나무사자오락불

南無勝眼佛 나무승안불

南無堅才佛 나무견재불

南無泰調佛 나무태조불

南無見寶佛 나무견보불

南無離漂河佛 나무리표하불

南無梵天所敬佛 나무범천소경불

南無破諸軍佛 나무파제군불

南無明伏佛 나무명복불

南無堅娑羅佛 나무견사라불

南無善眼清淨佛 나무선안청정불

南無盡作佛 나무진작불

南無持名稱佛 나무지명칭불

南無以敬佛 나무이경불

南無大屈佛 나무대굴불
南無無際願佛 나무무제원불
南無好喜見佛 나무호희견불
南無自成就意佛 나무자성취의불
南無快解佛 나무쾌해불
南無堅聲佛 나무견성불
南無毘摩妙佛 나무비마묘불

南無敬智慧佛 나무경지혜불
南無捨漫流佛 나무사만류불
南無大華佛 나무대화불
南無憙光佛 나무희광불
南無施宿佛 나무시숙불
南無須尼多佛 나무수니다불
南無最顏色佛 나무최안색불

南無思禪思佛 나무사선사불
南無懷最佛 나무회최불
南無普觀佛 나무보관불
南無敬最上佛 나무경최상불
南無度世佛 나무도세불
南無上寶佛 나무상보불
南無照一切衆生光明佛 나무조일체중생광명불

南無遊戲德佛 나무유희덕불
南無善毘摩佛 나무선비마불
南無堅心佛 나무견심불
南無善任功德摩尼山王佛 나무선주공덕마니산왕불
南無喜德佛 나무희덕불
南無善於慚愧佛 나무선어참괴불
南無師子王佛 나무사자왕불

南無大步佛 나무대보불
南無音聲器佛 나무음성기불
南無三曼多奢摩他佛 나무삼만다사마타불
南無威德大勢力佛 나무위덕대세력불
南無堅固誓佛 나무견고서불
南無天所敬佛 나무천소경불
南無最勝佛 나무최승불

南無普懷佛 나무보회불
南無懷上佛 나무회상불
南無普覺佛 나무보각불
南無勝威德佛 나무승위덕불
南無淨供養佛 나무정공양불
南無成堅固佛 나무성견고불
南無一切功德備具佛 나무일체공덕비구불

南無堅解佛 나무견해불
南無甘露成佛 나무감로성불
南無歡喜增長佛 나무환희증장불
南無懷滅佛 나무회멸불
南無依最聲佛 나무의최성불
南無海步佛 나무해보불
南無最上光佛 나무최상광불

南無寂光佛 나무적광불
南無極上音聲佛 나무극상음성불
南無堅勇猛破陣佛 나무견용맹파진불
南無覺步佛 나무각보불
南無成豊佛 나무성풍불
南無歡喜面佛 나무환희면불
南無寂覺佛 나무적각불

南無大聖佛 나무대성불
南無諦住佛 나무제주불
南無住寂滅佛 나무주적멸불
南無勝友佛 나무승우불
南無最步佛 나무최보불
南無威極上光明佛 나무위극상광명불
南無最勝王佛 나무최승왕불

南無善寶佛 나무선보불
南無人自在佛 나무인자재불
南無遊入覺佛 나무유입각불
南無懷利佛 나무회리불
南無人中月佛 나무인중월불
南無拘鄰佛 나무구린불
南無大莊嚴佛 나무대장엄불

南無師子奮迅步佛 나무사자분신보불

南無喜寂滅佛 나무희적멸불

南無人音聲佛 나무인음성불

南無珠月佛 나무주월불

南無廣名稱佛 나무광명칭불

南無淨覺佛 나무정각불

南無好顏色光佛 나무호안색광불

南無懷香風佛 나무회향풍불

南無大稱佛 나무대칭불

南無阿瓷律佛 나무아누율불

南無懷明佛 나무회명불

南無喜最上佛 나무희최상불

南無寶敬佛 나무보경불

南無滅怨佛 나무멸원불

南無勝軍佛 나무승군불
南無勝終光佛 나무승종광불
南無勝月上佛 나무승월상불
南無懷智慧佛 나무회지혜불
南無蓮華香佛 나무연화향불
南無不厭足佛 나무불염족불
南無最威佛 나무최위불

南無諦覺佛 나무제각불
南無常忍辱佛 나무상인욕불
南無象步佛 나무상보불
南無懷諦佛 나무회제불
南無香上自在佛 나무향상자재불
南無等誓佛 나무등서불
南無大光炎聚佛 나무대광담취불

南無雜種說佛 나무잡종설불
南無實體佛 나무실체불
南無上所敬佛 나무상소경불
南無德遊戲佛 나무덕유희불
南無好香熏佛 나무호향훈불
南無戒分別佛 나무계분별불
南無最上意佛 나무최상의불

南無度淵佛 나무도연불
南無解慚愧佛 나무해참괴불
南無雜音聲佛 나무잡음성불
南無淨住佛 나무정주불
南無月光明佛 나무월광명불
南無覺華佛 나무각화불
南無宜受供養佛 나무의수공양불

南無曇無竭佛 나무담무갈불

南無月光輪佛 나무월광륜불

南無敬老佛 나무경로불

南無神通明佛 나무신통명불

南無敬上佛 나무경상불

南無那羅延光明佛 나무나라연광명불

南無知時王佛 나무지시왕불

南無喜上佛 나무희상불

南無懷覺佛 나무회각불

南無勝憂佛 나무승우불

南無普寶蓋佛 나무보보개불

南無屈名稱佛 나무굴명칭불

南無度疑佛 나무도의불

南無聚華佛 나무취화불

南無上華佛 나무상화불

南無師子乘光明佛 나무사자승광명불

南無懷步佛 나무회보불

南無堅固光明佛 나무견고광명불

南無雲王光明佛 나무운왕광명불

南無除雲蓋佛 나무제운개불

南無如樹華佛 나무여수화불

南無勝鬪戰佛 나무승투전불

南無尼尸陀佛 나무니시타불

南無離一切憂惱光明佛 나무리일체우뇌광명불

南無月天聲佛 나무월천성불

南無淨光明佛 나무정광명불

南無無垢臂光明佛 나무무구비광명불

南無上聲佛 나무상성불

南無無終燈佛 나무무종등불
南無德天佛 나무덕천불
南無無上妙法月佛 나무무상묘법월불
南無等正覺佛 나무등정각불
南無普照輪月佛 나무보조륜월불
南無聽採意佛 나무청채의불
南無滅思惟佛 나무멸사유불

南無成就義光明佛 나무성취의광명불
南無衆智自在佛 나무중지자재불
南無無恐畏光佛 나무무공외광불
南無無爲聲磬佛 나무무위성경불
南無普輪佛 나무보륜불
南無無礙思惟佛 나무무애사유불
南無精進懷佛 나무정진회불

南無進趣趣萃佛 나무진외외성
南無楚力供 나무혜덕공불
나무허공
나무노구혜성불
나무문
나무대
나무대

南無尊言佛 나무보음불
나무담승혜불
나무사사유불
나무의성불
나무
나무

南無碎金剛佛 나무쇄금강불

南無無量藝佛 나무무위성불

나무대정진성광불

南無大精進遶盛光佛 나무대정진성광불

나무걸정진불

나무적성광명신불

나무전소성력이불

나무성심보

나무의

나무승외불

나무법화불

나무부아불

나무어불

南無日華佛 나무일화불
南無愛懷佛 나무애회불
南無無爲成佛 나무무위성불
南無智照頂王佛 나무지조정왕불
南無智日普照佛 나무지일보조불
南無懷命佛 나무회명불
南無無煩佛 나무무번불

南無澄住思惟佛 나무징주사유불
南無月盛佛 나무월성불
南無無吾我熱意佛 나무무오아열의불
南無諦聚意佛 나무제취의불
南無喜樂如見佛 나무희락여견불
南無懷思佛 나무회사불
南無根本上佛 나무근본상불

南無大思惟佛 나무대사유불
南無大精進懷佛 나무대정진회불
南無名譽音佛 나무명예음불
南無戒富佛 나무계부불
南無安樂光佛 나무안락광불
南無以滅光佛 나무이멸광불
南無波羅羅堅佛 나무바라라견불

南無懷像佛 나무회상불
南無恐畏佛 나무공외불
南無大聲慧無缺失佛 나무대성혜무결실불
南無威身佛 나무위신불
南無法行深勝月佛 나무법행심승월불
南無法光明慈鏡象月佛 나무법광명자경상월불
南無逮威佛 나무체위불

南無月內佛 나무월내불
南無山王勝藏王佛 나무산왕승장왕불
南無祠施佛 나무사시불
南無無量憙光佛 나무무량희광불
南無法華高幢雲佛 나무법화고당운불
南無出遊泥佛 나무출유니불
南無法海說聲王佛 나무법해설성왕불

南無常智作化佛 나무상지작화불
南無破金剛堅佛 나무파금강견불
南無諦精進佛 나무체정진불
南無光威佛 나무광위불
南無懷光佛 나무회광불
南無捐種姓佛 나무연종성불
南無大威佛 나무대위불

南無法雷幢王勝佛 나무법뢰당왕승불

南無法幢光明頂佛 나무법륜광명정불

南無法輪光明頂佛 나무법륜광명정불

南無法智普光明佛 나무법지보광명불

南無大勝光佛 나무대승광불

南無道威佛 나무도위불

南無法雲吼王佛 나무법운후왕불

南無最如意佛 나무최여의불

南無德蓮華佛 나무덕연화불

南無幢光佛 나무당광불

南無無爲華佛 나무무위화불

南無無爲光威佛 나무무위광위불

南無淨思惟法華佛 나무정사유법화불

南無虛空功德佛 나무허공공덕불

南無須彌最聲佛 나무수미최성불

南無自在懷佛 나무자재회불
南無法日智轉然燈佛 나무법일지전연등불
南無帝釋幢王佛 나무제석당왕불
南無清淨身佛 나무청정신불
南無喜施佛 나무희시불
南無不思議光佛 나무부사의광불
南無離願佛 나무리원불

南無無爲稱佛 나무무위칭불
南無無礙普現佛 나무무애보현불
南無無量香光明佛 나무무량향광명불
南無月中尊佛 나무월중존불
南無相好華佛 나무상호화불
南無普飛廣戒堅視佛 나무보비광계견시불
南無勝賢佛 나무승현불

南無及曜佛 나무급요불
南無惟大音佛 나무유대음불
南無除三塗龍施佛 나무제삼도용시불
南無虛空多羅佛 나무허공다라불
南無無垢心佛 나무무구심불
南無十光佛 나무시광불
南無覺無礙音佛 나무각무애음불

南無虛空心佛 나무허공심불
南無決斷音佛 나무결단음불
南無雲雷佛 나무운뢰불
南無德思佛 나무덕사불
南無寶味佛 나무보미불
南無超越諸法佛 나무초월제법불
南無天華佛 나무천화불

南無等見佛 나무등견불
南無大像佛 나무대상불
南無大月佛 나무대월불
南無月威光佛 나무월위광불
南無月善度佛 나무월선도불
南無光勇欲佛 나무광용욕불
南無菩提佛 나무보리불

南無月稱佛 나무월칭불
南無不擾佛 나무불요불
南無威慈力佛 나무위자력불
南無趣懷佛 나무취회불
南無淳精進佛 나무순정진불
南無寶離慧勇佛 나무보리혜용불
南無成盈利佛 나무성영리불

南無悅好佛 나무열호불
南無覺滅意佛 나무각멸의불
南無無縛喜像佛 나무무박희상불
南無德稱佛 나무덕칭불
南無快明佛 나무쾌명불
南無無量思惟佛 나무무량사유불
南無善度佛 나무선도불

南無行佛行佛 나무행불행불
南無師子奮迅心雲聲王佛 나무사자분신심운성왕불
南無持慧佛 나무지혜불
南無須彌山威佛 나무수미산위불
南無諸方天佛 나무제방천불
南無淨戒佛 나무정계불
南無端緒佛 나무단서불

南無現面世間佛 나무현면세간불
南無具足意佛 나무구족의불
南無正音聲佛 나무정음성불
南無善成就佛 나무선성취불
南無無垢月幢稱佛 나무구월당칭불
南無朋友光度佛 나무붕우광도불
南無普寶佛 나무보보불

南無善光敬佛 나무선광경불
南無世雄佛 나무세웅불
南無威喜佛 나무위희불
南無無礙意佛 나무무애의불
南無摩善住山王佛 나무마선주산왕불
南無慧臺佛 나무혜대불
南無知衆生平等身佛 나무지중생평등신불

南無大願勝佛 나무대원승불

南無恬憺思惟佛 나무염담사유불

南無德聚威佛 나무덕취위불

南無大焰聚威佛 나무대염취위불

南無快應佛 나무쾌응불

南無最視佛 나무최시불

南無大應佛 나무대응불

南無快士悅佛 나무쾌사열불

南無善供養佛 나무선공양불

南無悅相佛 나무열상불

南無光華種種奮迅王佛 나무광화종종분신왕불

南無戒度佛 나무계도불

南無寂幢佛 나무적당불

南無廣光明佛 나무광광명불

南無無爲悅佛 나무무위열불
南無名稱十方佛 나무명칭시방불
南無慧無涯佛 나무혜무애불
南無必意佛 나무필의불
南無上度佛 나무상도불
南無無量慧佛 나무무량혜불
南無栴檀香佛 나무전단향불

南無巍巍見佛 나무외외견불
南無降伏摩佛 나무항복마불
南無如千日威佛 나무여천일위불
南無稱悅佛 나무칭열불
南無可觀佛 나무가관불
南無智炎勝功德佛 나무지담승공덕불
南無世間燈佛 나무세간등불

南無不可降伏幢佛 나무불가항복당불
南無思惟解脫佛 나무사유해탈불
南無如淨王佛 나무여정왕불
南無忍辱燈佛 나무인욕등불
南無聚自在佛 나무취자재불
南無無勝最妙佛 나무무승최묘불
南無無爲思惟佛 나무무위사유불

南無攝根佛 나무섭근불
南無勝威德意佛 나무승위덕의불
南無難過上佛 나무난과상불
南無妙見佛 나무묘견불
南無作諸方佛 나무작제방불
南無無爲光佛 나무무위광불
南無過倒見佛 나무과도견불

南無名稱王佛 나무명칭왕불
南無日見佛 나무일견불
南無見平等不平等佛 나무견평등불평등불
南無自在悅佛 나무자재열불
南無慧意佛 나무혜의불
南無以淨音意佛 나무이정음의불
南無淨德佛 나무정덕불

南無勝根佛 나무승근불
南無德聚威光佛 나무덕취위광불
南無慧持群萌佛 나무혜지군맹불
南無自在佛 나무자재불
南無德山佛 나무덕산불
南無思最尊意佛 나무사최존의불
南無戒自在佛 나무계자재불

南無深嗅思惟佛 나무심후사유불
南無寂進思惟佛 나무적진사유불
南無勤群萌香佛 나무근군맹향불
南無德所至佛 나무덕소지불
南無離疑佛 나무리의불
南無須彌山意佛 나무수미산의불
南無無垢眼上光王佛 나무무구안상광왕불

南無拘蘇摩奮迅王佛 나무구소마분신왕불
南無娑羅華上光王佛 나무사라화상광왕불
南無寂樂佛 나무적락불
南無大精進文佛 나무대정진문불
南無決遇佛 나무결우불
南無淨身佛 나무정신불
南無能度彼岸佛 나무능도피안불

南無毘盧遮那功德藏佛 나무비로자나공덕장불
南無思惟度佛 나무사유도불
南無聽撤意佛 나무청철의불
南無大身佛 나무대신불
南無尊自在佛 나무존자재불
南無覺善香薰佛 나무각선향훈불
南無歡悅佛 나무환열불

南無慧忖佛 나무혜촌불
南無如天悅佛 나무여천열불
南無至大精進究竟佛 나무지대정진구경불
南無雜華佛 나무잡화불
南無如空佛 나무여공불
南無尊上所敬佛 나무존상소경불
南無蓮華人佛 나무연화인불

南無蓮華意佛 나무연화의불

南無人悅佛 나무인열불

南無威神所養佛 나무위신소양불

南無解脫慧佛 나무해탈혜불

南無澤香憂冥佛 나무택향우명불

南無摩尼淸淨佛 나무마니청정불

南無無畏娛樂佛 나무외오락불

南無自在德藏佛 나무자재덕장불

南無尊意燈佛 나무존의등불

南無諦思惟佛 나무제사유불

南無除三惡道佛 나무제삼악도불

南無湍度佛 나무단도불

南無意彊自在佛 나무의강자재불

南無快覺佛 나무쾌각불

南無離諸欲佛 나무리제욕불
南無大結髻佛 나무대결계불
南無威神力佛 나무위신력불
南無斷一切衆生病佛 나무단일체중생병불
南無堅意佛 나무견의불
南無眼如蓮華趣無爲佛 나무안여연화취무위불
南無喜音聲佛 나무희음성불

南無勝華聚佛 나무승화취불
南無天自在六通音佛 나무천자재육통음불
南無人名稱柔佛 나무인명칭유불
南無最音聲佛 나무최음성불
南無力通佛 나무력통불
南無快斷意佛 나무쾌단의불
南無天悅佛 나무천열불

南無竟見佛 나무경견불
南無斷一切障礙佛 나무단일체장애불
南無聚音佛 나무취음불
南無功德捨惡趣佛 나무공덕사악취불
南無娛樂度佛 나무오락도불
南無調辯意佛 나무조변의불
南無意車佛 나무의거불

南無疆精進佛 나무강정진불
南無無垢思惟佛 나무무구사유불
南無無量怨佛 나무무량원불
南無無爲光豐佛 나무무위광풍불
南無一乘度佛 나무일승도불
南無煩敎佛 나무번교불
南無德善光佛 나무덕선광불

南無堅華佛 나무견화불
南無尼拘類樹王佛 나무니구류수왕불
南無色如栴檀佛 나무색여전단불
南無德藏佛 나무덕장불
南無尸棄佛 나무시기불

南無聚意佛 나무취의불
南無無常中王佛 나무무상중왕불
南無日內佛 나무일내불
南無毘婆尸佛 나무비바시불
南無毘舍浮佛 나무비사부불

現在賢劫千佛 현재현겁천불

南無拘留孫佛 나무구류손불

南無迦葉佛 나무가섭불

南無彌勒佛 나무미륵불

南無明焰佛 나무명염불

南無妙華佛 나무묘화불

南無善宿佛 나무선숙불

南無拘那舍牟尼佛 나무구나함모니불

南無釋迦牟尼佛 나무석가모니불

南無師子佛 나무사자불

南無牟尼佛 나무모니불

南無華氏佛 나무화씨불

南無導師佛 나무도사불

南無大臂佛 나무대비불
南無宿王佛 나무숙왕불
南無名相佛 나무명상불
南無焰肩佛 나무염견불
南無日藏佛 나무일장불
南無衆焰佛 나무중염불
南無無憂佛 나무무우불

南無大力佛 나무대력불
南無修藥佛 나무수약불
南無大明佛 나무대명불
南無照曜佛 나무조요불
南無月氏佛 나무월씨불
南無善明佛 나무선명불
南無提沙佛 나무제사불

南無明曜佛 나무명요불
南無功德明佛 나무공덕명불
南無燈曜佛 나무등요불
南無藥師佛 나무약사불
南無白毫佛 나무백호불
南無福威德佛 나무복위덕불
南無德相佛 나무덕상불

南無持髮佛 나무지만불
南無示義佛 나무시의불
南無興盛佛 나무흥성불
南無善濡佛 나무선유불
南無堅固佛 나무견고불
南無不可壞佛 나무불가괴불
南無羅睺佛 나무라후불

南無香焰佛 나무향염불
南無華日佛 나무화일불
南無無畏佛 나무무외불
南無金剛佛 나무금강불
南無作明佛 나무작명불
南無堅際佛 나무견제불
南無衆主佛 나무중주불

南無仁愛佛 나무인애불
南無軍力佛 나무군력불
南無珍寶佛 나무진보불
南無將衆佛 나무장중불
南無大山佛 나무대산불
南無不高佛 나무불고불
南無梵聲佛 나무범성불

南無大威德佛 나무대위덕불
南無無量明佛 나무무량명불
南無堅步佛 나무견보불
南無精進德佛 나무정진덕불
南無歡喜佛 나무환희불
南無師子相佛 나무사자상불
南無法氏佛 나무법씨불

南無梵王佛 나무범왕불
南無龍德佛 나무용덕불
南無不虛見佛 나무불허견불
南無善守佛 나무선수불
南無不退佛 나무불퇴불
南無勝知佛 나무승지불
南無喜王佛 나무희왕불

南無妙御佛 나무묘어불
南無德臂佛 나무덕비불
南無觀視佛 나무관시불
南無善思佛 나무선사불
南無離垢佛 나무리구불
南無大名佛 나무대명불
南無威猛佛 나무위맹불

南無愛作佛 나무애작불
南無香象佛 나무향상불
南無雲音佛 나무운음불
南無善高佛 나무선고불
南無月相佛 나무월상불
南無珠髻佛 나무주계불
南無師子吼佛 나무사자후불

南無德樹佛 나무덕수불
南無慧聚佛 나무혜취불
南無有意佛 나무유의불
南無無量意佛 나무무량의불
南無多智佛 나무다지불
南無堅戒佛 나무견계불
南無寶相佛 나무보상불

南無歡釋佛 나무환석불
南無安住佛 나무안주불
南無鴦伽陀佛 나무앙가타불
南無妙色佛 나무묘색불
南無光明佛 나무광명불
南無吉祥佛 나무길상불
南無蓮華佛 나무연화불

南無那羅延佛 나무나라연불
南無智積佛 나무지적불
南無德積佛 나무덕적불
南無梵德佛 나무범덕불
南無華天佛 나무화천불
南無法自在佛 나무법자재불
南無樂說聚佛 나무락설취불
南無求利益佛 나무구리익불

南無安樂佛 나무안락불
南無德敬佛 나무덕경불
南無寶積佛 나무보적불
南無善思議佛 나무선사의불
南無名聞意佛 나무명문의불
南無金剛相佛 나무금강상불
南無遊戲神通佛 나무유희신통불

南無離闇佛 나무리암불
南無彌樓相佛 나무미루상불
南無寶藏佛 나무보장불
南無金剛楯佛 나무금강순불
南無德讚佛 나무덕찬불
南無日明佛 나무일명불
南無清淨義佛 나무청정의불

南無名天佛 나무명천불
南無衆明佛 나무중명불
南無極高行佛 나무극고행불
南無珠角佛 나무주각불
南無日月明佛 나무일월명불
南無星宿佛 나무성숙불
南無違藍王佛 나무위람왕불

南無福藏佛 나무복장불
南無電明佛 나무전명불
南無師子德佛 나무사자덕불
南無明讚佛 나무명찬불
南無具足讚佛 나무구족찬불
南無應天佛 나무응천불
南無世明佛 나무세명불

南無見有邊佛 나무견유변불
南無金山佛 나무금산불
南無勝相佛 나무승상불
南無堅精進佛 나무견정진불
南無離畏師佛 나무리외사불
南無大燈佛 나무대등불
南無妙音佛 나무묘음불

南無持上功德佛 나무지상공덕불
南無師子頰佛 나무사자협불
南無衆王佛 나무중왕불
南無安隱佛 나무안은불
南無上尊佛 나무상존불
南無上師子音佛 나무상사자음불
南無龍明佛 나무룡명불

南無紺身佛 나무감신불
南無寶讚佛 나무보찬불
南無遊步佛 나무유보불
南無法差別佛 나무법차별불
南無極高德佛 나무극고덕불
南無樂戲佛 나무락희불
南無華山佛 나무화산불

南無龍喜佛 나무룡희불
南無寶焰山佛 나무보염산불
南無德鬘佛 나무덕만불
南無因莊嚴佛 나무인장엄불
南無智勝佛 나무지승불
南無實語佛 나무실어불
南無定意佛 나무정의불

南無香自在王佛 나무향자재왕불
南無天力佛 나무천력불
南無龍首佛 나무룡수불
南無善行意佛 나무선행의불
南無無量日佛 나무무량일불
南無持炬佛 나무지거불
南無無量形佛 나무무량형불

南無明照佛 나무명조불
南無斷疑佛 나무단의불
南無不虛步佛 나무불허보불
南無華相佛 나무화상불
南無善威儀佛 나무선위의불
南無無量名佛 나무무량명불
南無滅過佛 나무멸과불

南無最勝燈佛 나무최승등불
南無莊嚴身佛 나무장엄신불
南無覺悟佛 나무각오불
南無山主王佛 나무산주왕불
南無遍見佛 나무편견불
南無寶天佛 나무보천불
南無持甘露佛 나무지감로불

南無人月佛 나무인월불
南無莊嚴佛 나무장엄불
南無山頂佛 나무산정불
南無法積佛 나무법적불
南無施願佛 나무시원불
南無住義佛 나무주의불
南無上讚佛 나무상찬불

南無喜見佛 나무희견불
南無珠明佛 나무주명불
南無到彼岸佛 나무도피안불
南無定義佛 나무정의불
南無寶聚佛 나무보취불
南無滿意佛 나무만의불
南無慈德佛 나무자덕불

南無無垢佛 나무무구불
南無華明佛 나무화명불
南無法明佛 나무법명불
南無德淨佛 나무덕정불
南無寶燈佛 나무보등불
南無上名佛 나무상명불
南無無量音佛 나무무량음불

南無梵天佛 나무범천불
南無身差別佛 나무신차별불
南無盡見佛 나무진견불
南無月面佛 나무월면불
南無寶瑞佛 나무보당불
南無作名佛 나무작명불
南無違籃佛 나무위람불

南無師子身佛 나무사자신불
南無能勝佛 나무능승불
南無海慧佛 나무해혜불
南無無邊行佛 나무무변행불
南無淨垢佛 나무정구불
南無勇力佛 나무용력불
南無福德佛 나무복덕불

南無明意佛 나무명의불
南無功德品佛 나무공덕품불
南無得勢佛 나무득세불
南無開華佛 나무개화불
南無見一切義佛 나무견일체의불
南無富足佛 나무부족불
南無隨時佛 나무수시불

南無慶音佛 나무경음불
南無廣意佛 나무광의불
南無財天佛 나무재천불
南無無量持佛 나무무량지불
南無不負佛 나무불부불
南無得叉迦佛 나무득차가불
南無世光佛 나무세광불

南無功德敬佛 나무공덕경불
南無善寂滅佛 나무선적멸불
南無淨斷疑佛 나무정단의불
南無妙樂佛 나무묘락불
南無無住佛 나무무주불
南無衆首佛 나무중수불
南無多德佛 나무다덕불

南無寂滅意佛 나무적멸의불
南無金剛軍佛 나무금강군불
南無華德佛 나무화덕불
南無善調佛 나무선조불
南無斷惡佛 나무단악불
南無義意佛 나무의의불
南無弗沙佛 나무불사불

南無無邊音佛 나무무변음불
南無大德佛 나무대덕불
南無勇得佛 나무용득불
南無名德佛 나무명덕불
南無無熱佛 나무무열불
南無藥王佛 나무약왕불
南無無邊威德佛 나무무변위덕불

南無大威光佛 나무대위광불
南無無所負佛 나무무소부불
南無電相佛 나무전상불
南無威德守佛 나무위덕수불
南無上利佛 나무상리불
南無淨心佛 나무정심불
南無離憍佛 나무리고불

南無善住佛 나무선주불
南無離疑惑佛 나무리의혹불
南無恭敬佛 나무공경불
南無智日佛 나무지일불
南無須彌頂佛 나무수미정불
南無治怨賊佛 나무치원적불
南無應讚佛 나무응찬불

南無智次佛 나무지차불
南無常樂佛 나무상락불
南無天名佛 나무천명불
南無甚良佛 나무심량불
南無寶月佛 나무보월불
南無樂禪佛 나무락선불
南無遊戲佛 나무유희불

南無那羅達佛 나무나라달불
南無不少國佛 나무불소국불
南無雲德佛 나무운덕불
南無多功德佛 나무다공덕불
南無莊嚴頂髻佛 나무장엄정계불
南無無所少佛 나무무소소불
南無德寶佛 나무덕보불

南無應名稱佛 나무응명칭불
南無大音聲佛 나무대음성불
南無金剛珠佛 나무금강주불
南無珠莊嚴佛 나무주장엄불
南無德高行佛 나무덕고행불
南無百光佛 나무백광불
南無龍步佛 나무용보불

南無華身佛 나무화신불
南無辯才讚佛 나무변재찬불
南無無量壽佛 나무무량수불
南無大王佛 나무대왕불
南無高名佛 나무고명불
南無喜悅佛 나무희열불
南無意願佛 나무의원불

南無妙寶佛 나무묘보불
南無法幢佛 나무법당불
南無喜自在佛 나무희자재불
南無離山佛 나무리산불
南無華冠佛 나무화관불
南無威德寂滅佛 나무위덕적멸불
南無多天佛 나무다천불

南無滅已佛 나무멸이불
南無調御佛 나무조어불
南無寶髻佛 나무보계불
南無淨天佛 나무정천불
南無淨名佛 나무정명불
南無愛相佛 나무애상불
南無須焰摩佛 나무수염마불

南無天威佛 나무천위불
南無寶步佛 나무보보불
南無最尊勝佛 나무최존승불
南無栴檀雲佛 나무전단운불
南無寶威德佛 나무보위덕불
南無覺想佛 나무각상불
南無香濟佛 나무향제불

南無妙德王佛 나무묘덕왕불
南無師子分佛 나무사자분불
南無人王佛 나무인왕불
南無紺眼佛 나무감안불
南無德乘佛 나무덕승불
南無喜莊嚴佛 나무희장엄불
南無勝慧佛 나무승혜불

南無離愛佛 나무리애불
南無妙香佛 나무묘향불
南無威德猛佛 나무위덕맹불
南無仁賢佛 나무인현불
南無梵自在佛 나무범자재불
南無觀察慧佛 나무관찰혜불
南無高勝佛 나무고승불

南無慈相佛 나무자상불
南無堅鎧佛 나무견개불
南無珠鎧佛 나무주개불
南無善逝月佛 나무선서월불
南無師子月佛 나무사자월불
南無正生佛 나무정생불
南無日觀佛 나무일관불

南無寶名佛 나무보명불
南無山光佛 나무산광불
南無供養名佛 나무공양명불
南無施明佛 나무시명불
南無寶語佛 나무보어불
南無善戒佛 나무선계불
南無堅固慧佛 나무견고혜불

南無大精進佛 나무대정진불
南無德聚王佛 나무덕취왕불
南無法讚佛 나무법찬불
南無電德佛 나무전덕불
南無救命佛 나무구명불
南無善衆佛 나무선중불
南無破有闇佛 나무파유암불

南無善勝佛 나무선승불
南無金剛慧佛 나무금강혜불
南無光明王佛 나무광명왕불
南無威光佛 나무위광불
南無利慧佛 나무리혜불
南無照明佛 나무조명불
南無善月佛 나무선월불

南無寶焰佛 나무보염불
南無吉手佛 나무길수불
南無珠輪佛 나무주륜불
南無不破論佛 나무불파론불
南無珠月光佛 나무주월광불
南無寶成就佛 나무보성취불
南無師子光佛 나무사자광불

南無羅睺守佛 나무라후수불
南無等光佛 나무등광불
南無世最妙佛 나무세최묘불
南無十勢力佛 나무십세력불
南無德勢力佛 나무덕세력불
南無大勢力佛 나무대세력불
南無眞行佛 나무진행불

南無樂菩提佛 나무락보리불
南無至寂滅佛 나무지적멸불
南無自在名佛 나무자재명불
南無喜力王佛 나무희력왕불
南無最勝頂佛 나무최승정불
南無功德藏佛 나무공덕장불
南無上安佛 나무상안불

南無金剛知山佛 나무금강지산불

南無妙德藏佛 나무묘덕장불

南無寶網嚴身佛 나무보망엄신불

南無造鎧佛 나무조개불

南無善華佛 나무선화불

南無大海智佛 나무대해지불

南無義意猛佛 나무의의맹불

南無大光佛 나무대광불

南無廣德佛 나무광덕불

南無福德明佛 나무복덕명불

南無成手佛 나무성수불

南無集寶佛 나무집보불

南無持地德佛 나무지지덕불

南無善思惟佛 나무선사유불

南無德輪佛 나무덕륜불
南無利益佛 나무리익불
南無美音佛 나무미음불
南無衆師首佛 나무중사수불
南無難施佛 나무난시불
南無明威德佛 나무명위덕불
南無金剛寶嚴佛 나무금강보엄불

南無寶光佛 나무보광불
南無世月佛 나무세월불
南無梵相佛 나무범상불
南無師子行佛 나무사자행불
南無應供佛 나무응공불
南無大光王佛 나무대광왕불
南無衆清淨佛 나무중청정불

南無邊名佛 나무변명불
南無聖天佛 나무성천불
南無金剛眾佛 나무금강중불
南無建慈佛 나무건자불
南無法意佛 나무법의불
南無善思明佛 나무선사명불
南無密眾佛 나무밀중불

南無不虛光佛 나무불허광불
南無智王佛 나무지왕불
南無善障佛 나무선장불
南無華國佛 나무화국불
南無風行佛 나무풍행불
南無多明佛 나무다명불
南無光王佛 나무광왕불

南無功德守佛 나무공덕수불
南無無懼佛 나무무구불
南無住法佛 나무주법불
南無解脫德佛 나무해탈덕불
南無隨世語言佛 나무수세어언불
南無普德佛 나무보덕불
南無實音佛 나무실음불

南無利意佛 나무리의불
南無堅觀佛 나무견관불
南無珠足佛 나무주족불
南無妙身佛 나무묘신불
南無妙智佛 나무묘지불
南無梵財佛 나무범재불
南無正智佛 나무정지불

南無力得佛 나무력득불
南無淨華佛 나무정화불
南無華齒佛 나무화치불
南無明寶佛 나무명보불
南無上戒佛 나무상계불
南無自在天佛 나무자재천불
南無一切天佛 나무일체천불

南無師子意佛 나무사자의불
南無喜眼佛 나무희안불
南無功德自在幢佛 나무공덕자재당불
南無希有名佛 나무희유명불
南無離欲佛 나무리욕불
南無梵壽佛 나무범수불
南無樂智佛 나무락지불

南無可憶念佛 나무가억념불
南無珠藏佛 나무주장불
南無德流布佛 나무덕류포불
南無大天王佛 나무대천왕불
南無無縛佛 나무무박불
南無堅法佛 나무견법불
南無天德佛 나무천덕불
南無梵牟尼佛 나무범모니불
南無安詳行佛 나무안상행불
南無勤精進佛 나무근정진불
南無得上味佛 나무득상미불
南無無依德佛 나무무의덕불
南無薝葍華佛 나무담복화불
南無出生無上功德佛 나무출생무상공덕불

南無仙人侍衛佛 나무선인시위불
南無大愛佛 나무대애불
南無衆妙佛 나무중묘불
南無勢力行佛 나무세력행불
南無牛王佛 나무우왕불
南無大車佛 나무대거불
南無德光佛 나무덕광불

南無帝幢佛 나무제당불
南無須蔓色佛 나무수만색불
南無可樂佛 나무가락불
南無善定義佛 나무선정의불
南無妙臂佛 나무묘비불
南無滿願佛 나무만원불
南無寶音佛 나무보음불

南無光幢佛 나무광당불
南無師子力佛 나무사자력불
南無觀身佛 나무관신불
南無知次第佛 나무지차제불
南無大光明佛 나무대광명불
南無淨藏佛 나무정장불
南無無損佛 나무무손불

南無富貴佛 나무부귀불
南無淨目佛 나무정목불
南無淨意佛 나무정의불
南無猛威德佛 나무맹위덕불
南無日光曜佛 나무일광요불
南無分別威佛 나무분별위불
南無密日佛 나무밀일불

南無月光佛 나무월광불
南無善寂行佛 나무선적행불
南無大請佛 나무대청불
南無嚴土佛 나무엄토불
南無高出佛 나무고출불
南無蓮華德佛 나무연화덕불
南無高大身佛 나무고대신불

南無持明佛 나무지명불
南無不動佛 나무부동불
南無德法佛 나무덕법불
南無莊嚴王佛 나무장엄왕불
南無焰熾佛 나무염치불
南無寶嚴佛 나무보엄불
南無上善佛 나무상선불

南無寶上佛 나무보상불
南無海德佛 나무해덕불
南無月蓋佛 나무월개불
南無順寂滅佛 나무순적멸불
南無智覺佛 나무지각불
南無聲流布佛 나무성유포불
南無名稱佛 나무명칭불

南無無量光佛 나무무량광불
南無寶印手佛 나무보인수불
南無多焰佛 나무다염불
南無智稱佛 나무지칭불
南無功德光佛 나무공덕광불
南無滿月佛 나무만월불
南無善戒王佛 나무선계왕불

南無燈王佛 나무등왕불
南無大焰王佛 나무대염왕불
南無毘舍佉天佛 나무비사거천불
南無金剛山佛 나무금강산불
南無淨義德佛 나무정의덕불
南無智焰德佛 나무지염덕불
南無羅睺天佛 나무라후천불

南無電光佛 나무전광불
南無寂諸有佛 나무적제유불
南無華藏佛 나무화장불
南無身端嚴佛 나무신단엄불
南無威猛軍佛 나무위맹군불
南無力行佛 나무력행불
南無智聚佛 나무지취불

南無師子出現佛 나무사자출현불
南無圓滿淸淨佛 나무원만청정불
南無大藥佛 나무대약불
南無第一義佛 나무제일의불
南無百光明佛 나무백광명불
南無無量功德佛 나무무량공덕불
南無妙意佛 나무묘의불

南無如王佛 나무여왕불
南無羅睺羅佛 나무라후라불
南無淸淨賢佛 나무청정현불
南無德手佛 나무덕수불
南無流布王佛 나무류포왕불
南無法藏佛 나무법장불
南無德主佛 나무덕주불

南無最增上佛 나무최증상불
南無勝怨敵佛 나무승원적불
南無梵音佛 나무범음불
南無雷音佛 나무뇌음불
南無慧隆佛 나무혜륭불
南無大地王佛 나무대지왕불
南無梨陀目佛 나무리타목불

南無慧頂佛 나무혜정불
南無意行佛 나무의행불
南無解脫佛 나무해탈불
南無通相佛 나무통상불
南無深自在佛 나무심자재불
南無大牛王佛 나무대우왕불
南無希有身佛 나무희유신불

南無實相佛 나무실상불
南無不沒音佛 나무불몰음불
南無音德佛 나무음덕불
南無勇智佛 나무용지불
南無華開佛 나무화개불
南無德積佛 나무덕적불
南無功德月佛 나무공덕월불

南無最尊天佛 나무최존천불
南無寶勝佛 나무보승불
南無莊嚴辭佛 나무장엄사불
南無華積佛 나무화적불
南無無上醫王佛 나무무상의왕불
南無上形色佛 나무상형색불
南無月燈佛 나무월등불

南無上施佛 나무상시불
南無無礙光佛 나무무애광불
南無慧德佛 나무혜덕불
南無最上佛 나무최상불
南無身充滿佛 나무신충만불
南無無盡佛 나무무진불
南無威德佛 나무위덕왕불

南無大尊佛 나무대존불
南無無礙藏佛 나무무애장불
南無妙音聲佛 나무묘음성불
南無淸淨照佛 나무청정조불
南無慧國佛 나무혜국불
南無菩提眼佛 나무보리안불
南無菩提王佛 나무보리왕불

南無智勢세佛불
南無帝제王왕佛불
南無威위德덕佛불
南無明명聞문佛불
南無無무塵진垢구佛불
南無師사子자軍군佛불
南無名명聲성佛불

南無大대焰염佛불
南無制제力력佛불
南無月월現현佛불
南無端단嚴엄佛불
南無威위儀의佛불
南無天천王왕佛불
南無殊수勝승佛불

南無大藏佛 나무대장불
南無梵聞佛 나무범문불
南無智頂佛 나무지정불
南無地王佛 나무지왕불
南無金髻佛 나무금계불
南無莫能勝佛 나무막능승불
南無善光佛 나무선광불

南無福德光佛 나무복덕광불
南無出諸有佛 나무출제유불
南無上天佛 나무상천불
南無至解脫佛 나무지해탈불
南無羅睺日佛 나무라후일불
南無牟尼淨佛 나무모니정불
南無金齊佛 나무금제불

南無種德天王佛 나무종덕천왕불
南無勇猛名稱佛 나무용맹명칭불
南無美妙慧佛 나무미묘혜불
南無諸威德佛 나무제위덕불
南無解脫相佛 나무해탈상불
南無娑羅王佛 나무사라왕불
南無斷流佛 나무단류불

南無法蓋佛 나무법개불
南無光明門佛 나무광명문불
南無微意佛 나무미의불
南無師子髻佛 나무사자계불
南無慧藏佛 나무혜장불
南無威相佛 나무위상불
南無無礙讚佛 나무무애찬불

南無所作已辨佛 나무소작이변불
南無山王相佛 나무산왕상불
南無無能暎蔽佛 나무무능영폐불
南無吉身佛 나무길신불
南無師子利佛 나무사자리불
南無師子法佛 나무사자법불
南無愛樂佛 나무애락불

南無善音佛 나무선음불
南無法頂佛 나무법정불
南無善端嚴佛 나무선단엄불
南無愛語佛 나무애어불
南無和樓那佛 나무화루나불
南無法力佛 나무법력불
南無讚不動佛 나무찬부동불

南無衆明王佛 나무중명왕불
南無妙明佛 나무묘명불
南無光照佛 나무광조불
南無令喜佛 나무령희불
南無滅惡佛 나무멸악불
南無善寶佛 나무선보불
南無淨願佛 나무정원불

南無覺悟衆生佛 나무각오중생불
南無意住義佛 나무의주의불
南無香德佛 나무향덕불
南無日成就佛 나무일성취불
南無上色佛 나무상색불
南無大音讚佛 나무대음찬불
南無一天佛 나무일천불

南無樂慧佛 나무락혜불
南無威德勢佛 나무위덕세불
南無眾會王佛 나무중회왕불
南無解脫髻佛 나무해탈계불
南無住行佛 나무주행불
南無智藏佛 나무지장불
南無栴檀佛 나무전단불

南無攝身佛 나무섭신불
南無刹利佛 나무찰리불
南無上金佛 나무상금불
南無樂法佛 나무락법불
南無捨憍慢佛 나무사교만불
南無梵行佛 나무범행불
南無無憂名佛 나무무우명불

南無端嚴身佛 나무단엄신불
南無敏特佛 나무민지불
南無天光佛 나무천광불
南無頻頭摩佛 나무빈두마불
南無大願光佛 나무대원광불
南無淨根佛 나무정근불
南無上論佛 나무상론불

南無相國佛 나무상국불
南無無邊德佛 나무무변덕불
南無慧華佛 나무혜화불
南無智富佛 나무지부불
南無寶千佛 나무보수불
南無具足論佛 나무구족론불
南無不退地佛 나무불퇴지불

南無法自在不虛佛 나무법자재불허불
南無出泥佛 나무출니불
南無上吉佛 나무상길불
南無法樂佛 나무법락불
南無智慧佛 나무지혜불
南無網光佛 나무망광불
南無善天佛 나무선천불

南無有日佛 나무유일불
南無得智佛 나무득지불
南無謨羅佛 나무모라불
南無求勝佛 나무구승불
南無善聖佛 나무선성불
南無瑠璃藏佛 나무유리장불
南無利寂佛 나무리적불

南無敎化佛 나무교화불
南無堅固苦行佛 나무견고고행불
南無寶德佛 나무보덕불
南無解脫音佛 나무해탈음불
南無遊戲王佛 나무유희왕불
南無一切主佛 나무일체주불
南無山王佛 나무산왕불

南無普隨順自在佛 나무보수순자재불
南無衆德上明佛 나무중덕상명불
南無一切善友佛 나무일체선우불
南無甘露明佛 나무감로명불
南無滅邪曲佛 나무멸사곡불
南無蔔葍淨光佛 나무담복정광불
南無寂滅佛 나무적멸불

南無德聚佛 나무덕취불
南無最勝月佛 나무최승월불
南無住本佛 나무주본불
南無智無等佛 나무지무등불
南無善手佛 나무선수불
南無思解脫義佛 나무사해탈의불
南無梨陀行佛 나무리타행불

南無具衆德佛 나무구중덕불
南無善施佛 나무선시불
南無功德戒聚佛 나무공덕계취불
南無甘露音佛 나무감로음불
南無就明苑佛 나무집명기불
南無勝音佛 나무승음불
南無善義佛 나무선의불

南無無邊佛 나무무변불
南無殊妙身佛 나무수묘신불
南無樂說佛 나무락설불
南無不可說佛 나무불가설불
南無樂知佛 나무락지불
南無破他軍佛 나무파타군불
南無上意佛 나무상의불

南無行善佛 나무행선불
南無妙光佛 나무묘광불
南無善濟佛 나무선제불
南無最淸淨佛 나무최청정불
南無辯才日佛 나무변재일불
南無寶月明佛 나무보월명불
南無友安衆生佛 나무우안중생불

南無大見佛 나무대견불
南無水天德佛 나무수천덕불
南無無等意佛 나무무등의불
南無菩提意佛 나무보리의불
南無槃陀音佛 나무반타음불
南無勢德佛 나무세덕불
南無勢行佛 나무세행불

南無無畏音佛 나무무외음불
南無慧濟佛 나무혜제불
南無不動慧光佛 나무부동혜광불
南無樹王佛 나무수왕불
南無福德力佛 나무복덕력불
南無聖愛佛 나무성애불
南無琥珀佛 나무호박불

南無雷音雲佛 나무뇌음운불
南無善智佛 나무선지불
南無華勝佛 나무화승불
南無法相佛 나무법상불
南無虛空佛 나무허공불
南無慧音差別佛 나무혜음차별불
南無聖王佛 나무성왕불

南無善愛目佛 나무선애목불
南無具足佛 나무구족불
南無大音佛 나무대음불
南無智音佛 나무지음불
南無祠音佛 나무사음불
南無月焰佛 나무월염불
南無衆意佛 나무중의불

南無辯才輪佛 나무변재륜불
南無不退慧佛 나무불퇴혜불
南無無著慧佛 나무무착혜불
南無華德相佛 나무화덕상불
南無寶施佛 나무보시불
南無集功德蘊佛 나무집공덕온불
南無自在王佛 나무자재왕불

南無善寂佛 나무선적불
南無日名佛 나무일명불
南無功德集佛 나무공덕집불
南無辯才國佛 나무변재국불
南無愛月佛 나무애월불
南無滅惡趣佛 나무멸악취불
南無無量光淨佛 나무무량광정불

南無等定佛 나무등정불
南無滅垢佛 나무멸구불
南無無燒佛 나무무요불
南無智制住佛 나무지제주불
南無大天佛 나무대천불
南無無量佛 나무무량불
南無世供養佛 나무세공양불

南無不壞佛 나무불괴불
南無不失方便佛 나무불실방편불
南無妙面佛 나무묘면불
南無法師王佛 나무법사왕불
南無深意佛 나무심의불
南無無礙見佛 나무무애견불
南無普散華佛 나무보산화불

南無三世供佛 나무삼세공불
南無天供養佛 나무천공양불
南無眞髻佛 나무진계불
南無不著相佛 나무불착상불
南無寶肩明佛 나무보견명불
南無隨日佛 나무수일불
南無明力佛 나무명력불

南無應日藏佛 나무응일장불
南無上智人佛 나무상지인불
南無信甘露佛 나무신감로불
南無離分別海佛 나무리분별해불
南無梨陀步佛 나무리타보불
南無清淨佛 나무청정불
南無功德聚佛 나무공덕취불

南無具足德佛 나무구족덕불
南無須彌山佛 나무수미산불
南無無著智佛 나무무착지불
南無愛智佛 나무애지불
南無清淨住佛 나무청정주불
南無相明佛 나무상명불
南無樂解脫佛 나무락해탈불

南無端嚴海佛 나무단엄해불
南無華施佛 나무화시불
南無無邊座佛 나무무변좌불
南無槃陀嚴佛 나무반타엄불
南無生法佛 나무생법불
南無思惟樂佛 나무사유락불
南無知道理佛 나무지도리불

南無多聞海佛 나무다문해불
南無不隨世佛 나무불수세불
南無孔雀音佛 나무공작음불
南無斷有愛佛 나무단유애불
南無諸天流布佛 나무제천유포불
南無華手佛 나무화수불
南無破怨賊佛 나무파원적불

南無持華佛 나무지화불
南無喜衆佛 나무희중불
南無不退沒佛 나무불퇴몰불
南無威儀濟佛 나무위의제불
南無隨師行佛 나무수사행불
南無最上施佛 나무최상시불
南無富多聞佛 나무부다문불

南無妙國佛 나무묘국불
南無師子智佛 나무사자지불
南無滅闇佛 나무멸암불
南無次第行佛 나무차제행불
南無憍曇佛 나무교담불
南無身心佛 나무신심불
南無覺意華佛 나무각의화불

南無熾盛王佛 나무치성왕불
南無月出佛 나무월출불
南無無動佛 나무무동불
南無音聲治佛 나무음성치불
南無勢力佛 나무세력불
南無常月佛 나무상월불
南無燒徐王佛 나무요서왕불

南無善威德佛 나무선위덕불
南無善燈佛 나무선등불
南無天音佛 나무천음불
南無日面佛 나무일면불
南無戒明佛 나무계명불
南無普攝受佛 나무보섭수불
南無安闍那佛 나무안사나불

南無智力德佛 나무지력덕불
南無堅行佛 나무견행불
南無福德燈佛 나무복덕등불
南無不動聚佛 나무부동취불
南無住戒佛 나무주계불
南無堅出佛 나무견출불
南無增益佛 나무증익불

南無香明佛 나무향명불
南無念王佛 나무염왕불
南無無礙相佛 나무무애상불
南無信戒佛 나무신계불
南無明法佛 나무명법불
南無大慈佛 나무대자불
南無饒益慧佛 나무요익혜불

南無違藍明佛 나무위람명불
南無密鉢佛 나무밀발불
南無至妙道佛 나무지묘도불
南無樂實佛 나무락실불
南無具威德佛 나무구위덕불
南無上慈佛 나무상자불
南無甘露王佛 나무감로왕불

南無彌樓明佛 나무미루명불
南無廣照佛 나무광조불
南無見明佛 나무견명불
南無善喜佛 나무선희불
南無寶明佛 나무보명불
南無樂福德佛 나무락복덕불
南無盡相佛 나무진상불

南無聖讚佛 나무성찬불
南無持壽佛 나무지수불
南無善行報佛 나무선행보불
南無無滅佛 나무무멸불
南無具足名稱佛 나무구족명칭불
南無功德海佛 나무공덕해불
南無斷魔佛 나무단마불

南無盡魔佛 나무진마불
南無不壞意佛 나무불괴의불
南無淨魔佛 나무정마불
南無愛明佛 나무애명불
南無菩提相佛 나무보리상불
南無善滅佛 나무선멸불
南無智熹佛 나무지희불

南無過衆道佛 나무과쇠도불
南無水王佛 나무수왕불
南無衆上主佛 나무중상왕불
南無福燈佛 나무복등불
南無大威力佛 나무대위력불
南無梵命佛 나무범명불
南無神相佛 나무신상불

南無如衆王佛 나무여중왕불
南無愛日佛 나무애일불
南無無相慧佛 나무무상혜불
南無持勢力佛 나무지세력불
南無喜明佛 나무희명불
南無不動天佛 나무부동천불
南無善業佛 나무선업불

南無種種色相佛 나무종종색상불
南無羅睺月佛 나무라후월불
南無藥師上佛 나무약사상불
南無焰慧佛 나무염혜불
南無好音佛 나무호음불
南無妙德難思佛 나무묘덕난사불
南無意無謬佛 나무의무류불

南無大施佛 나무대시불
南無衆相佛 나무중상불
南無世自在佛 나무세자재불
南無滅癡佛 나무멸치불
南無梵供養佛 나무범공양불
南無梨陀法佛 나무리타법불
南無度憂佛 나무도우불

南無名讚佛 나무명찬불
南無解脫月佛 나무해탈월불
南無無上王佛 나무무상왕불
南無斷言論佛 나무단언론불
南無無邊辯相佛 나무무변변상불
南無應供養佛 나무응공양불
南無樂安佛 나무락안불

南無世意佛 나무세의불
南無妙足佛 나무묘족불
南無華瓔佛 나무화영불
南無信聖佛 나무신성불
南無眞實佛 나무진실불
南無樂高音佛 나무락고음불
南無婆耆羅陀佛 나무파기라타불

南無愛身佛 나무애신불
南無優鉢羅佛 나무우발라불
南無無邊辯才佛 나무무변변재불
南無德精進佛 나무덕정진불
南無天王佛 나무천주불
南無信淨佛 나무신정불
南無福德慧佛 나무복덕의불

南無不舜佛 나무불순불
南無聚成佛 나무취성불
南無最上業佛 나무최상업불
南無行明佛 나무행명불
南無持輪佛 나무지륜불
南無世淨佛 나무세정불
南無無量寶名佛 나무무량보명불

南無順先古佛 나무순선고불
南無師子遊佛 나무사자유불
南無信淸淨佛 나무신청정불
南無龍音佛 나무룡음불
南無財成佛 나무재성불
南無提舍佛 나무제사불
南無雲相佛 나무운상불

南無慧道佛 나무혜도불
南無虛空音佛 나무허공음불
南無無勝天佛 나무무승천불
南無善財佛 나무선재불
南無寶音聲佛 나무보음성불
南無不思議功德光佛 나무부사의공덕광불
南無無量賢佛 나무무량현불

南無順法智佛 나무순법지불
南無善眼佛 나무선안불
南無珠淨佛 나무주정불
南無燈焰佛 나무등염불
南無人主王佛 나무인주왕불
南無隨法行佛 나무수법행불
南無寶名聞佛 나무보명문불

南無得利佛 나무득리불
南無高頂佛 나무고정불
南無差別知見佛 나무차별지견불
南無法燈蓋佛 나무법등개불
南無法憂國佛 나무법우국불
南無法天敎佛 나무법천경불
南無極勢力佛 나무극세력불

南無世華佛 나무세화불
南無無邊辯才成佛 나무무변변재성불
南無師子牙佛 나무사자아불
南無目犍連佛 나무목건연불
南無意思佛 나무의사불
南無斷勢力佛 나무단세력불
南無滅貪佛 나무멸탐불

南無堅音佛 나무견음불
南無妙義佛 나무묘의불
南無慚愧顏佛 나무참괴안불
南無欲樂佛 나무욕락불

南無善慧佛 나무선혜불
南無愛淨佛 나무애정불
南無妙髻佛 나무묘계불
南無樓至佛 나무루지불

未來星宿劫千佛 미래성수겁천불

南無日光佛 나무일광불
南無華麗佛 나무화엄불
南無阿須輪王護佛 나무아수륜왕호불
南無師子慧佛 나무사자혜불
南無成辦事佛 나무성판사불
南無種姓華佛 나무종성화불

南無龍威佛 나무룡위불
南無王中王佛 나무왕중왕불
南無作吉祥佛 나무작길상불
南無寶意佛 나무보의불
南無成辦事見根原佛 나무성판사견근원불
南無高雷音佛 나무고뢰음불

南無無比辯佛 나무무비변불
南無稱成佛 나무칭성불
南無福德光明佛 나무복덕광명불
南無目犍連性佛 나무목건연성불
南無思惟智慧佛 나무사유지혜불
南無諸天供養法佛 나무제천공양법불
南無無限力佛 나무무한력불

南無智慧自在佛 나무지혜자재불
南無威懷步佛 나무위회보불
南無月摩尼光王佛 나무월마니광왕불
南無無憂忖佛 나무무우촌불
南無意智佛 나무의지불
南無勇悍佛 나무용한불
南無智慧華佛 나무지혜화불

南無疆音佛 나무강음불
南無說義佛 나무설의불
南無師子口佛 나무사자구불
南無不取諸法佛 나무불취제법불
南無上彌留幢王佛 나무상미류당왕불
南無香音佛 나무향음불
南無栴檀相好佛 나무전단상호불

南無歡樂佛 나무환락불
南無淨懷佛 나무정회불
南無好結佛 나무호결불
南無波頭摩上星宿王佛 나무파두마상성숙왕불
南無因陀羅幢王佛 나무인타라당왕불
南無常光明佛 나무상광명불
南無無限高佛 나무무한고불

南無蓮華幢佛 나무연화당불
南無微細華佛 나무미세화불
南無大勇佛 나무대용불
南無銀幢蓋佛 나무은당개불
南無旛幢好佛 나무번당호불
南無大香熏佛 나무대향훈불
南無寶輪佛 나무보륜불

南無蓮華化生佛 나무연화화생불
南無阿竭留香佛 나무아갈류향불
南無栴檀相好光明佛 나무전단상호광명불
南無大海意佛 나무대해의불
南無梵王德佛 나무범왕덕불
南無大勇現佛 나무대용현불
南無發行難佛 나무발행난불

南無無所發行佛 나무무소발행불
南無天輞佛 나무천망불
南無常雨華佛 나무상우화불
南無師子上香佛 나무사자상향불
南無帝釋光明佛 나무제석광명불
南無師子華好佛 나무사자화호불
南無持戒王佛 나무지계왕불

南無金寶甕佛 나무금보옹불
南無言從佛 나무언종불
南無大好藥佛 나무대호약불
南無魔天相佛 나무마천상불
南無大相好佛 나무대상호불
南無寂滅幢佛 나무적멸당불
南無相好翼從佛 나무상호익종불

南無翼從面首佛 나무익종면수불
南無普開蓮華身佛 나무보개연화신불
南無大力龍翼從好佛 나무대력용익종호불
南無大遊戲佛 나무대유희불
南無大捨華佛 나무대사화불
南無放捨華佛 나무방사화불
南無法體決定佛 나무법체결정불
南無不定願佛 나무부정원불

南無無憂相好佛 나무무우상호불
南無大地佛 나무대지불
南無淨行王佛 나무정행왕불
南無蓮華威佛 나무연화위불
南無常觀佛 나무상관불
南無作直行佛 나무작직행불
南無善住諸願佛 나무선주제원불

南無無常中上佛 나무무상중상불
南無栴檀色佛 나무전단색불
南無威相腹佛 나무위상복불
南無實法廣稱佛 나무실법광칭불
南無寶稱佛 나무보칭불
南無好觀佛 나무호관불
南無翼從樹佛 나무익종수불

南無月威佛 나무월위불
南無日空佛 나무일공불
南無破煩惱佛 나무파번뇌불
南無世間喜佛 나무세간희불
南無難勝伏佛 나무난승복불
南無勇興佛 나무용흥불
南無狸牛威佛 나무리우위불

南無天中天佛 나무천중천불
南無智慧威佛 나무지혜위불
南無德豊佛 나무덕풍불
南無無念示現諸行佛 나무무념시현제행불
南無無上光佛 나무무상광불
南無出現佛 나무출현불
南無無量善根成就諸行佛 나무무량선근성취제행불

南無師子幢佛 나무사자당불
南無無底威佛 나무무지위불
南無厚德佛 나무후덕불
南無無生佛 나무무생불
南無山德佛 나무산덕불
南無服德佛 나무복덕불
南無大江佛 나무대강불

南無不住奮迅佛 나무부주분신불
南無普悲佛 나무보비불
南無大轉佛 나무대전불
南無一道佛 나무일도불
南無大蓋佛 나무대개불
南無千近佛 나무천근불
南無離世間佛 나무리세간불

南無寶樹佛 나무보수불
南無德養佛 나무덕양불
南無絶衆生疑王佛 나무절중생의왕불
南無普蓋佛 나무보개불
南無最德佛 나무최덕불
南無寶蓮華勇佛 나무보련화용불
南無幡幢佛 나무번당불

南無寶月德佛 나무보월덕불
南無尊德佛 나무존덕불
南無等德佛 나무등덕불
南無大海深勝佛 나무대해심승불
南無無表識佛 나무무표식불
南無虛空巖佛 나무허공암불
南無放光佛 나무방광불

南無服樹王佛 나무복수왕불
南無普蓮華佛 나무보련화불
南無龍中蜜佛 나무용중밀불
南無無量寶蓋佛 나무무량보개불
南無須彌身佛 나무수미신불
南無疆稱王佛 나무강칭왕불
南無無染濁佛 나무무염탁불

南無在華聚德佛 나무재화취덕불
南無離恐衣毛不竪佛 나무리공의모불수불
南無電目眼佛 나무전목안불
南無虛空星宿增上佛 나무허공성숙증상불
南無山王身佛 나무산왕신불
南無能屈服佛 나무능굴복불
南無波頭摩樹提奮迅通佛 나무파두마수제분신통불
南無紅蓮華佛 나무홍련화불

南無寶室佛 나무보실불
南無無相聲佛 나무무상성불
南無衆尊聚佛 나무중존취불
南無一蓋佛 나무일개불
南無栴檀宮佛 나무전단궁불
南無光網佛 나무광망불

南無遠離顚怖畏모수불 나무원리전포외모수불

南無善行佛 나무선행불

南無境界自在佛 나무경계자재불

南無出千光佛 나무출천광불

南無安王佛 나무안왕불

南無散衆畏佛 나무산중외불

南無善現光佛 나무선현광불

南無 나무 과타나야나불

南無 나무 무능굴성불

南無 나무 출현광불

南無 나무 과천광불

南無 나무 법광불

南無 나무 구광명불

南無 나무 혜화보광명불

南無進寂靜佛 나무진적정불
南無世間可樂佛 나무세간가락불
南無能仁佛 나무능인선불
南無諸樹王佛 나무제수왕불
南無隨世間意佛 나무수세간의불
南無離愚稱佛 나무리우칭불
南無寶愛佛 나무보애불

南無無量翼從佛 나무무량익종불
南無住慧佛 나무주혜불
南無慧稱佛 나무혜칭불
南無無垢雲王佛 나무무구운왕불
南無寶實佛 나무보실불
南無德現佛 나무덕현불
南無不唐精進佛 나무부당정진불

南無香熏光佛 나무향훈광불
南無衆彊王佛 나무중강왕불
南無從寶出德佛 나무종보출덕불
南無從寶出佛 나무종보출불
南無稱遠方佛 나무칭원방불
南無雲雷王佛 나무운뢰왕불
南無無量慧成佛 나무무량혜성불

南無無能屈香光佛 나무무능굴향광불
南無出須彌山頂佛 나무출수미산정불
南無蓮華上佛 나무연화상불
南無香光佛 나무향광불
南無藏香自在佛 나무장향자재불
南無無際光佛 나무무제광불
南無種種無量行佛 나무종종무량행불

南無無量德光王佛 나무무량덕광왕불
南無覺華剖德佛 나무각화부덕불
南無寶體佛 나무보체불
南無共發意佛 나무공발의불
南無蓋蓮華寶佛 나무개연화보불
南無德王光佛 나무덕왕광불
南無燈光行佛 나무등광행불

南無尊聚佛 나무존취불
南無覺華剖上王佛 나무각화부상왕불
南無唐稱佛 나무당칭불
南無莊嚴一切意佛 나무장엄일체의불
南無光輪成王佛 나무광륜성왕불
南無過一切德佛 나무과일체덕불
南無成作光佛 나무성작광불

南無江儛佛 나무강선불
南無勝護佛 나무승호불
南無梵功德天王佛 나무범공덕천왕불
南無聚會王佛 나무취회왕불
南無樹王中王佛 나무수왕중왕불
南無摩尼輪佛 나무마니륜불
南無世音佛 나무세음불

南無寶形佛 나무보형불
南無慈蓮華德佛 나무혜연화덕불
南無無量顏佛 나무량안불
南無寶身佛 나무보신불
南無羅網手佛 나무라망수불
南無無量德鎖佛 나무무량덕개불
南無須彌山光佛 나무수미산광불

南無解脫威德佛 나무해탈위덕불
南無離曠野王佛 나무리광야왕불
南無以發意能轉輪佛 나무이발의능전륜불
南無翼從佛 나무익종불
南無上寶蓋佛 나무상보개불
南無作際佛 나무작제불
南無過上步佛 나무과상보불

南無慧功德佛 나무혜공덕불
南無日輪光佛 나무일륜광불
南無遁達義佛 나무통달의불
南無月現德佛 나무월현덕불
南無無量蓋佛 나무무량개불
南無衆生所憙鎧佛 나무중생소희개불
南無由寶蓮華德佛 나무유보연화덕불

南無衆生王中立佛 나무중생왕중립불
南無虛空步佛 나무허공보불
南無無比鎧佛 나무무비개불
南無因緣助 나무인연조불
南無淨幢佛 나무정당불
南無慧淨佛 나무혜정불
南無善討鎧佛 나무선토개불

南無能屈服佛 나무능굴복불
南無俱蘇摩通佛 나무구소마통불
南無光輪幢德王佛 나무광륜당덕왕불
南無曼陀羅佛 나무만다라불
南無金剛所須用佛 나무금강소수용불
南無善求佛 나무선구불
南無勝伏怨佛 나무승복원불

南無淨聖佛 나무정성불

南無無量光香佛 나무무량광향불

南無種種華佛 나무종종화불

南無降化男女佛 나무강화남녀불

南無寶上王佛 나무보상왕불

南無可喜衆生覺見佛 나무가희중생각견불

南無大人佛 나무대인불

南無名稱力王佛 나무명칭력왕불

南無須彌山王佛 나무수미산왕불

南無法寶佛 나무법보불

南無最香德佛 나무최향덕불

南無須彌山香王佛 나무수미산향왕불

南無無想音聲佛 나무무상음성불

南無音聲無屈礙佛 나무음성무굴애불

南無一寶無憂佛 나무일보무우불
南無種姓佛 나무종성불
南無淨宿佛 나무정숙불
南無虛空莊嚴佛 나무허공장엄불
南無不空見佛 나무불공견불
南無廣功德佛 나무광공덕불
南無淸涼佛 나무청량불

南無無動勇佛 나무무동용불
南無觀諸欲起佛 나무관제욕기불
南無現得佛 나무현득불
南無壞衆疑佛 나무괴중의불
南無善橋梁佛 나무선교량불
南無無量幢佛 나무무량당불
南無光羅網佛 나무광라망불

南無遍知佛 나무변지불

南無於諸法無所著佛 나무어제법무소착불

南無於一切衆生誓無脫佛 나무어일체중생서개무탈불

南無慧上光佛 나무혜상광불

南無方上佛 나무방상불

南無慧上光佛 나무혜상광불

南無法光慈悲月佛 나무법광자비월불

南無淸淨光明寶佛 나무청정광명보불

南無無量德姓佛 나무무량덕성불

南無普見一切法佛 나무보견일체법불

南無有無量德佛 나무유무량덕불

南無不可數見佛 나무불가수견불

南無有華德佛 나무유화덕불

南無海住持勝智慧奮迅佛 나무해주지승지혜분신불

南無離服內解慧王佛 나무리복내해혜왕불

南無壞諸欲佛 나무괴제욕불
南無無量寶華光明佛 나무무량보화광명불
南無見一切法佛 나무견일체법불
南無栴檀清凉室佛 나무전단청량실불
南無無量慧稱佛 나무무량혜칭불
南無無比覺華剖佛 나무무비각화부불
南無月光中上佛 나무월광중상불

南無行清淨佛 나무행청정불
南無常滅度佛 나무상멸도불
南無不墮落佛 나무불타락불
南無法用佛 나무법용불
南無清凉室佛 나무청량실불
南無善住樹王佛 나무선주수왕불
南無閻浮光明佛 나무염부광명불

南無須彌山身佛 나무수미산신불

南無名號顯佛 나무명호현불

南無名稱最尊佛 나무명칭최존불

南無蓮華上德王佛 나무연화상덕왕불

南無普放香化佛 나무보방향화불

南無放焰佛 나무방염불

南無降伏一切世間怨佛 나무항복일체세간원불

南無千香佛 나무천향불

南無名稱友佛 나무명칭우불

南無除憂佛 나무제우불

南無闡華幢佛 나무천화당불

南無最眼佛 나무최안불

南無遠方稱佛 나무원방칭불

南無法虛空勝王佛 나무법허공승왕불

一七五

南無火焰佛 나무화염불

南無光輪佛 나무광륜불

南無窮盡雄佛 나무궁진웅불

南無普雄佛 나무보웅불

南無無畏輪壇界上佛 나무무외륜강계상불

南無衆德聚佛 나무중덕취불

南無覺寶德佛 나무각보덕칭불

南無三界雄勇佛 나무삼계웅용불

南無虛空雄巧佛 나무허공웅교불

南無天鼓音聲佛 나무천고음성불

南無一切衆生愛見佛 나무일체중생애견불

南無善住王佛 나무선주왕불

南無諸覺疆界應飾佛 나무제각강계응식불

南無慧上德佛 나무혜상덕불

南無慧光王中上明佛 나무혜광왕중상명불
南無普法雄佛 나무보법웅불
南無滿足百千德光幢佛 나무만족백천덕광당불
南無蓮華中現德佛 나무연화중현덕불
南無寶上德佛 나무보상덕불
南無寶嚴慧中上佛 나무보엄혜중상불
南無蓮華中出現佛 나무연화중출현불
南無月半光佛 나무월반광불
南無大如意輪佛 나무대여의륜불
南無執炬佛 나무집거불
南無栴檀清凉德佛 나무전단청량덕불
南無德尊佛 나무덕존불
南無無量德海佛 나무무량덕해불
南無不二輪佛 나무불이륜불

南無衆聚佛 나무중취불
南無蓮華應德佛 나무연화응덕불
南無法照光佛 나무법조광불
南無虛空輪佛 나무허공륜불
南無善住淨境界佛 나무선주정경계불
南無最聚佛 나무최취불
南無金華佛 나무금화불

南無一切德聚佛 나무일체덕취불
南無極相中王佛 나무극상중왕불
南無無量山王佛 나무무량산왕불
南無善住淸淨功德寶佛 나무선주청정공덕보불
南無雜寶色華佛 나무잡보색화불
南無不動沙羅鎖開佛 나무부동사라쇄개불
南無雜色華佛 나무잡색화불

一七八

南無筆竟莊嚴無邊功德王佛 나무필경장엄무변공덕왕불
南無壞疑佛 나무괴의불
南無精進德佛 나무정진선덕불
南無無量眾尊佛 나무무량취회불
南無淨音聲佛 나무정음성불
南無被悲鎧佛 나무피혜개불
南無從蓮華出世境佛 나무종연화출현불

南無月輪淸淨佛 나무월륜청정불
南無無相聲佛 나무무상성불
南無散華佛 나무산중보불
南無一切勝佛 나무일체승불
南無俱蘇摩國土佛 나무구소마국토불
南無稱力王佛 나무칭력왕불
南無華蓋佛 나무화개불

南無無量德具足佛 나무무량덕구족불

南無蓮華上德佛 나무연화상덕불

南無於去來今無礙鎧佛 나무어거래금무애개불

南無寶山王佛 나무보산왕불

南無炬燈佛 나무거등불

南無善生佛 나무선생불

南無無量眼佛 나무무량안불

南無有衆德佛 나무유중덕불

南無寶尊佛 나무보존불

南無喜身佛 나무희신불

南無日鎧中上佛 나무일개중상불

南無無比光佛 나무무비광불

南無長養佛 나무장양불

南無祉江佛 나무지강불

南無諸遠方鎧佛 나무제원방개불

南無寶火圍繞佛 나무보화위요불

南無寂靜佛 나무적정불

南無賢藥王佛 나무현약왕불

南無喜威德佛 나무희위덕불

南無善中上德佛 나무선중상덕불

南無香尊幢佛 나무향존당불

南無覺華有德剖佛 나무각화유덕부불

南無慧國土佛 나무혜국토불

南無異觀佛 나무이관불

南無開悟菩提智光佛 나무개오보리지광불

南無波頭陀智慧奮迅佛 나무파두타지혜분신불

南無雄猛佛 나무웅맹불

南無香最德佛 나무향최덕불

南無不唐莫己稱少佛 나무부당기명칭불

南無致諸宏樂佛 나무치제안락불

南無善住佛 나무선주제안라불

南無蓮華住中工佛 나무연화주중왕불

南無梵華於界處上佛 나무각화공외과상불

南無梵華於界處上佛 나무각화부상불

南無無量精進佛 나무무량정진불

南無香憧迎佛 나무향당불

나무괴산제공恒長佛 나무괴산제공恒長佛

나무일체취관佛 나무일체취관불

나무향中望王佛 나무향중존왕불

나무寶羅網觀佛 나무보라망불

나무無量雄猛佛 나무무량웅맹불

나무과시방光佛 나무과시방광불

나무선색장佛 나무선색장불

南無能解縛佛 나무능해박불
南無爲諸衆生致佛 나무위제중생치불
南無住淸淨佛 나무주청정불
南無尊善中德佛 나무존선중덕불
南無無量雄猛形法佛 나무무량웅맹형법불
南無大車乘佛 나무대거승불
南無莫能勝幢佛 나무막능승당불

南無威德因陀羅佛 나무위덕인타라불
南無虛空無際佛 나무허공무제불
南無虛空幢佛 나무허공당불
南無在無恐畏華德佛 나무재무공외화덕불
南無得世間功德佛 나무득세간공덕불
南無極最德上佛 나무극최덕상불
南無離一切瞋恨意佛 나무리일체진한의불

南無趣向當住佛 나무취향당주불
南無月輪稱王佛 나무월륜칭왕불
南無住持多功德通法佛 나무주지다공덕통법불
南無心菩提華勝佛 나무심보리화승불
南無威神王佛 나무위신왕불
南無淨輪王佛 나무정륜왕불
南無慧嚴佛 나무혜엄불

南無無量最香佛 나무무량최향불
南無尊須彌山佛 나무존수미산불
南無勝積佛 나무승적불
南無住無量集德佛 나무주무량집덕불
南無善思願自調佛 나무선사원자조불
南無慧上佛 나무혜상불
南無造成遠方佛 나무조성원방불

南無會中尊佛 나무회중존불
南無華鬘色王佛 나무화만색왕불
南無極趣上德佛 나무극취상덕불
南無衆生意欲所趣勇意視之佛 나무중생의욕소취용의시지불
南無於一切諸愛中雄佛 나무어일체제애중웅불
南無無礙光明佛 나무무애광명불
南無好堅佛 나무호견불

南無決斷佛 나무결단불
南無慧隱佛 나무혜은불
南無無量寶佛 나무무량보불
南無無量寶王佛 나무무량보왕불
南無光無礙佛 나무광무애불
南無寶蓮華剖上德佛 나무보연화부상덕불
南無寶蓮華剖上德佛 나무보련화부상덕불
南無一切所趣中覺離見諸覺身佛 나무일체소취중각리견제각신불

南無過化音聲佛 나무과화음성불
南無海須彌王德佛 나무해수미왕덕불
南無在慧華佛 나무재혜화불
南無寂定佛 나무적정불
南無捨一切步佛 나무사일체보불
南無在於遊戲德佛 나무재어유희덕불
南無香趣無量香光佛 나무향취무량향광불

南無蓮華尊在諸寶德佛 나무연화존재제보덕불
南無海藏慧佛 나무해장혜불
南無極趣上威神聚佛 나무극취상위신취불
南無離雄佛 나무리웅불
南無德不可思議佛 나무덕불가사의불
南無趣無畏德佛 나무취무외덕불
南無雲鼓音佛 나무운고음불

一八六

南無在福德佛 나무재복덕불
南無來月光明佛 나무수월광명불
南無破無明佛 나무파무명불
南無恐畏佛 나무공외불
南無實諦稱佛 나무실제칭불
南無成熟佛 나무성숙불
南無尊會佛 나무존회불

南無無量勇猛佛 나무무량용맹불
南無最香須彌身佛 나무최향수미신불
南無光普見佛 나무광보견불
南無自至到佛 나무자지도불
南無星燈佛 나무성등불
南無極趣上佛 나무극취상불
南無金剛肩佛 나무금강견불

南無慧中自在王佛 나무혜중자재왕불
南無最安佛 나무최안불
南無善思惟發行佛 나무선사유발행불
南無光明莊嚴佛 나무광명장엄불
南無十力王佛 나무십력왕불
南無施豊德佛 나무시풍덕불
南無寶華普照勝佛 나무보화보조승불

南無慧力稱佛 나무혜력칭불
南無德身王德佛 나무덕신왕덕불
南無世間自在佛 나무세간자재불
南無虛空須彌佛 나무허공수미불
南無虛空平等心佛 나무허공평등심불
南無火炎積佛 나무화염적불
南無賢最德佛 나무현최덕불

南無寶輪光明勝德佛 나무보륜광명승덕불
南無從蓮華佛 나무종연화불
南無須彌意佛 나무수미의불
南無寶蓋佛 나무보개불
南無無量雄佛 나무무량웅불
南無德不可思議王光佛 나무덕불가사의왕광불
南無安隱王佛 나무안은왕불

南無寶華佛 나무보화불
南無普明觀稱佛 나무보명관칭불
南無尊思佛 나무존사불
南無善淸淨光佛 나무선청정광불
南無名稱不唐佛 나무명칭부당불
南無鴈王佛 나무안왕불
南無蓮華中上德佛 나무연화중상덕불

南無常自起覺悟佛 나무상자기각오불
南無無相修行佛 나무무상수행불
南無精進力成就佛 나무정진력성취불
南無照一切處佛 나무조일체처불
南無無量虛空雄佛 나무무량허공웅불
南無超境界德佛 나무초경계덕불
南無成方土佛 나무성방토불

南無不離一切衆門佛 나무불리일체중문불
南無求善佛 나무구선불
南無功德多寶海王佛 나무공덕다보해왕불
南無色聲雄佛 나무색성웅불
南無見實佛 나무견실불
南無虛空寧極上德佛 나무허공녕극상덕불
南無○○上須彌佛 나무○○상수미불

南無飮甘露佛 나무음감로불

南無善護諸門佛 나무선호제문불

南無善無垢威光佛 나무선무구위광불

南無力稱王佛 나무역칭왕불

南無慧光佛 나무혜광불

南無寶火佛 나무보화불

南無壞散衆疑佛 나무괴산중의불

南無護世間供養佛 나무호세간공양불

南無火幢佛 나무화당불

南無不可動佛 나무불가동불

南無德光王佛 나무덕광왕불

南無蓮華上有德佛 나무연화상유덕불

南無維蓮華德佛 나무유연화덕불

南無拘留奉佛 나무구류진봉불

南無具足一切功德莊嚴佛 나무구족일체공덕장엄불
南無從蓮華德佛 나무종연화덕불
南無慈氏佛 나무자씨불
南無尊王法幢佛 나무존왕법당불
南無海須彌佛 나무해수미불
南無金枝華佛 나무금지화불
南無言辯音聲無礙佛 나무언변음성무애불

南無幢王佛 나무당왕불
南無梵聲安隱衆生佛 나무범성안은중생불
南無蓮華光明佛 나무연화광명불
南無無量勇佛 나무무량용불
南無極志上佛 나무극지상불
南無不唐觀佛 나무부당관불
南無無礙德稱光佛 나무무애덕칭광불

나무무칭불산서개불 南無無稱不散誓鎧佛
나무불산심불 南無不散心佛
나무구리도불 南無無垢離度佛
나무무량화불 南無無量華佛
나무평등수미면불 南無平等須彌面佛
나무필경성취대비불 南無畢竟成就大悲佛
나무개보불 南無蓋寶佛

나무묘정불 南無妙頂佛
나무상래불 南無常來佛
나무어삼세무애서개불 南無於三世無礙誓鎧佛
나무성취관불 南無成就觀佛
나무청정공덕상불 南無淸淨功德相佛
나무반야제불 南無般若齊佛
나무만족의불 南無滿足意佛

南無華山王佛 나무화산왕불
南無覺華佛 나무각화불
南無大雲華佛 나무대운화불
南無無量光佛 나무무량광웅용불
南無極上德佛 나무극상덕불
南無光輪場佛 나무광륜장불
南無內外淨佛 나무내외정불

南無月取自在佛 나무월취자재불
南無華華雄佛 나무화연화웅불
南無羅網光佛 나무라망광불
南無言音無取佛 나무언음무취불
南無無礙雄佛 나무무애웅불
南無阿宿歌佛 나무아숙가불
南無善性佛 나무선성불

南無寂諸根佛 나무적제근불
南無離垢佛 나무리구불
南無蓮華視觀佛 나무연화정우관불
南無不廢勇佛 나무부당용불
南無無邊光明佛 나무무우광명불
南無娑婆華王佛 나무사바화왕불
南無正覺蓮華王佛 나무정각연화왕보불

南無無礙精進堅佛 나무무애정진견불
南無頂上極出王佛 나무정상극출왕불
南無無邊稱佛 나무무우칭불
南無無當雄佛 나무무당웅불
南無國土莊嚴身佛 나무국토장엄신불
南無無念覺法王佛 나무무념각법왕불
南無彌樓燈王佛 나무미루등왕불

南無禪思蓋佛 나무선사개불

南無栴檀窟佛 나무전단굴불

南無一切無盡藏佛 나무일체무진장불

南無無邊覺海藏佛 나무무변각해장불

南無有衆寶佛 나무유중보불

南無藥王聲王佛 나무약왕성왕불

南無覺剖華中德佛 나무각부화중덕불

南無妙鼓聲王佛 나무묘고성왕불

南無一切德佛 나무일체덕불

南無自性淸淨智佛 나무자성청정지불

南無無垢際佛 나무무구제불

南無禪思須彌佛 나무선사수미불

南無化摽佛 나무화칭불

南無智根本華王佛 나무지근본화왕불

南無毘尼稱佛 나무비니칭불

南無寶通佛 나무보통불

南無無量禪德佛 나무무량선덕불

南無表識音聲佛 나무표식음성불

南無然法庭燎佛 나무연법정료불

南無虛空室佛 나무허공실불

南無在虛空禪師佛 나무재허공선사불

南無無過德佛 나무무과덕불

南無無量誓鎧佛 나무무량서개불

南無虛空輪場光佛 나무허공륜장광불

南無覺王佛 나무각왕불

南無觀意華出佛 나무관의화출불

南無虛空聲佛 나무허공성불

南無大眼佛 나무대안불

나무재존덕불
나무범성왕호불
나무사자왕호불
나무선중중왕불
나무정안불
나무불가사의의법신불
나무향수미불

나무각연화덕불
나무성취의불
나무사자협이불
나무정수기미불
나무무과용보불
나무불산불
나무대지지진성불

南無香嚴佛 나무향엄불

南無寶須彌佛 나무보수미불

南無藥樹勝佛 나무약수승불

南無散華莊嚴光明佛 나무산화장엄광명불

南無散華聲王佛 나무산화성왕불

南無雲聲思惟尊鎧佛 나무운성사유존개불

南無善思惟尊鎧佛 나무선사유존개불

南無於諸衆中尊佛 나무어제중중존불

南無能與法佛 나무능여법불

南無大香行光明佛 나무대향행광명불

南無淨須彌佛 나무정수미불

南無得度佛 나무득도불

南無無過精進佛 나무무과정진불

南無不動月佛 나무부동월불

南無諸尊中王佛 나무제존중왕불

南無無量國土中王佛 나무무량국토중왕불
南無捨離疑佛 나무사리의불
南無功德寶勝佛 나무공덕보승불
南無普現前佛 나무보현전불
南無各成就佛 나무각성취불
南無香蓋佛 나무향개불
南無不怯弱離驚怖佛 나무불겁약리경포불

南無精進上中王佛 나무정진상중왕불
南無善星中王佛 나무선성중왕불
南無造化佛 나무조화불
南無樂說莊嚴佛 나무요설장엄불
南無帛蓋佛 나무금개불
南無性目佛 나무성일불
南無栴檀德佛 나무전단덕불

三〇〇

南無義成就佛 나무의성취불

南無厚堅固佛 나무후견고불

南無勝步行佛 나무승보행불

南無命威德佛 나무명위덕불

南無大光明莊嚴佛 나무대광명장엄불

南無眞金山佛 나무진금산불

南無趣向諸覺身佛 나무취향제각신불

南無無垢喜佛 나무무구희불

南無世間求佛 나무세간구불

南無無畏離衣毛竪佛 나무무외리의모수불

南無住智德佛 나무주지덕불

南無轉化女誓鎧佛 나무전화녀서개불

南無深智佛 나무심지불

南無羅網光中緣起中王佛 나무라망광중연기중왕불

南無無量趣觀諸覺身佛 나무무량취관제각신불
南無羅網光佛 나무라망광불
南無寶薩梨樹佛 나무보살리수불
南無卽發意轉法輪佛 나무즉발의전법륜불
南無最後見佛 나무최후견불
南無無量光勇佛 나무무량광용불
南無聖德佛 나무성덕불

南無成覺剖蓮華佛 나무성각부연화불
南無無量覺華開剖佛 나무무량각화개부불
南無寶洲佛 나무보주불
南無千光佛 나무천광불
南無土佛 나무승토불
南無無量重辭佛 나무무량중변불
南無寶海佛 나무보해불

南無愛點慧佛 나무애힐혜불
南無信如意佛 나무신여의불
南無金海佛 나무금해불
南無無量境界佛 나무무량경계불
南無肉調佛 나무내조불
南無香風佛 나무향풍불
南無覺虛空德佛 나무각허공덕불

南無勝修佛 나무승수불
南無金光明佛 나무금광명불
南無精進軍佛 나무정진군불
南無無決斷願佛 나무무결단원불
南無調化無休息佛 나무조화무휴식불
南無無趣向誓鎧佛 나무무취향서개불
南無攝取衆生意佛 나무섭취중생의불

南無成就誓鎧佛 나무성취서개불
南無常精進佛 나무상정진불
南無畢竟智佛 나무필경지불
南無善言誓鎧佛 나무선언서개불
南無光造佛 나무광조불
南無一種姓佛 나무일종성불
南無大衆上首佛 나무대중상수불

南無陀羅尼自在王佛 나무다라니자재왕불
南無攝取光明佛 나무섭취광명불
南無善相鎧佛 나무선상개불
南無能思惟佛 나무능사유불
南無一藏佛 나무일장불
南無無量身佛 나무무량신불
南無深王佛 나무심왕불

南無智慧讚歎佛 나무지혜찬탄불
南無無名稱佛 나무무명칭불
南無遠離諸疑佛 나무원리제의불
南無伏一切怨佛 나무복일체원불
南無善思惟勝義佛 나무선사유승의불
南無無量音聲佛 나무무량음성불
南無光德佛 나무광덕불

南無功德梁佛 나무공덕량불
南無散諸恐怖佛 나무산제공포불
南無除恐衣毛竪佛 나무제공의모수불
南無成就勝無畏佛 나무성취승무외불
南無無量執持佛 나무무량집지불
南無光嚴佛 나무광엄불
南無離輪場後佛 나무리륜장후불

南無趣菩提佛 나무취보리불
南無普寶寶滿足佛 나무보보보만족불
南無決定色佛 나무결정색불
南無方便修佛 나무방편수불
南無寶華德佛 나무보화덕불
南無月華佛 나무월화불
南無轉化一切見蓮佛 나무전화일체견연불

南無覺華開剖光佛 나무각화개부광불
南無捕愛稱佛 나무섭수칭불
南無普照十方世界佛 나무보조시방세계불
南無勝報佛 나무승보불
南無在災寶佛 나무재재보불
南無一切軍盟誓開鐵佛 나무일체군맹서개불
南無無量邊財佛 나무무량변재불

二〇六

南無無諍無恐佛 나무무쟁무공불
南無普香光佛 나무보향광불
南無須彌香佛 나무수미향불
南無香雄佛 나무향웅불
南無香室佛 나무향실불
南無清淨莊嚴佛 나무청정장엄불
南無覺雄佛 나무각웅불

南無都趣衆辦佛 나무도취중변불
南無堪受器聲佛 나무감수기성불
南無大貴佛 나무대귀불
南無大修行佛 나무대수행불
南無捨諍佛 나무사쟁불
南無蓮華上王佛 나무연화상왕불
南無世間尊重佛 나무세간존중불

南無無量香雄佛 나무무량향웅불

南無聞德佛 나무문덕불

南無堅固自在王佛 나무견고자재왕불

南無淸淨心佛 나무청정심불

南無須彌王佛 나무수미왕불

南無轉化衆相佛 나무전화중상불

南無極遲誓鎧佛 나무극지서개불

南無極尊佛 나무극존불

南無華蓋寶佛 나무화개보불

南無波頭摩莊嚴佛 나무파두마장엄불

南無香華佛 나무향화불

南無樹提佛 나무수제불

南無過一切衆生誓鎧佛 나무과일체중생서개불

南無一切寶莊嚴色住持佛 나무일체보장엄색주지불

南無無量香佛 나무무량향불

南無普放香薰佛 나무보방향훈불

南無在蓮華德佛 나무재연화덕불

南無一界持刹佛 나무일계지각찰불

南無香薰佛 나무향훈불

南無無量幢觀佛 나무무량당관불

南無難動佛 나무난동불

南無普開光佛 나무보개광불

南無在持無障力佛 나무주지무장력불

南無最上天王佛 나무최상천왕불

南無善攝身佛 나무선섭신불

南無無量慧雄佛 나무무량혜웅불

南無無我眼佛 나무무아안불

南無初發意佛 나무초발의불

南無善安眾生佛 나무선안중생불
南無白蓮華威德佛 나무백련화위덕불
南無無垢面佛 나무무구면불
南無尊須彌彌威香山佛 나무존수미위향산불
南無如娛樂在德佛 나무여오락재덕불
南無除一切憂佛 나무제일체우불
南無無勇王佛 나무무용왕불

南無無邊際光佛 나무무변제광불
南無吼眼佛 나무후안불
南無紅蓮華德佛 나무홍련화덕불
南無大種姓佛 나무대종성불
南無安隱王德佛 나무안은왕덕불
南無離憂佛 나무리우불
南無無跡步佛 나무무적보불

南無現月光佛 나무현월광불
南無月自在王佛 나무월자재왕불
南無香尊須彌佛 나무향존수미불
南無在月光有德佛 나무재월광유덕불
南無一切以德自在莊嚴佛 나무일체이덕자재장엄불
南無莫能勝幢幡佛 나무막능승당번불
南無從威華王佛 나무종위화왕불

南無遠方聲稱佛 나무원방성칭불
南無隨意光明佛 나무수의광명불
南無吉祥有德佛 나무길상유덕불
南無在無量安隱德佛 나무재무량안은덕불
南無寶住持庭燎佛 나무보주지정료불
南無尊隱藏光佛 나무존은장광불
南無入在無邊際佛 나무입재무변제불

南無一切尊佛 나무일체존불
南無海威佛 나무해위불
南無靜天德佛 나무정천덕불
南無能降伏妨逸佛 나무능항복방일불
南無蓮華尊光佛 나무연화존광불
南無信心不怯弱佛 나무신심불겁약불
南無聞智佛 나무문지불

南無寶蓮上佛 나무보련상불
南無諸寶上德佛 나무제보상덕불
南無無量香象佛 나무무량향상불
南無造塔明佛 나무조탑명불
南無施安德佛 나무시안덕불
南無平等心無明佛 나무평등심무명불
南無大無分無佛 나무대무분무불

二二二

南無金面光佛 나무금면광불

南無普光威德佛 나무보광위덕불

南無普德光佛 나무보덕광불

南無稱德威光幢光佛 나무칭덕위제석위당광불

南無精進伏怨房佛 나무정진복원용불

南無無樹華樹威德佛 나무무애약수위덕불

南無求德佛 나무구덕불

南無寶蓮勇佛 나무보연용불

南無住持地力進法佛 나무주지지력진법불

南無寶蓮華住薩梨樹王佛 나무보연화주살리수왕불

南無日輪場德光佛 나무일륜장덕광불

南無一寶蓋佛 나무일보개불

南無護根佛 나무호근불

南無住持妙無垢佛 나무주지묘무구위불

二一三

南無住禪思勇佛 나무주선사용불
南無住無量勇佛 나무주무량용불
南無思惟尊象德佛 나무사유존상덕불
南無思惟尊上德佛 나무사유존상덕불
南無日輪場尊上德佛 나무일륜장존상덕불
南無解脫乘佛 나무해탈승불
南無寶華普光威佛 나무보화보광위불
南無無量最中王佛 나무무량최중왕불

南無寶幢威德佛 나무보당위덕불
南無好香尊香熏佛 나무호향존향훈불
南無蓮華尊德佛 나무연화존덕불
南無興成佛 나무흥성불
南無思惟最勇佛 나무사유최용불
南無住無比勇佛 나무주무비용불
南無華成就佛 나무화성취불

南無自在轉一切法佛 나무자재전일체법불

南無寶輪威極上德佛 나무보륜위극상덕불

南無勝華集佛 나무승화집불

南無離一切憂暗佛 나무리일체우암불

南無地威德佛 나무지위덕불

南無無垢威德佛 나무무구위덕불

南無蓮華上尊佛 나무연화상존불

南無寶內佛 나무보내불

南無了意佛 나무료의불

南無婆羅威德佛 나무사라위덕불

南無心勇猛佛 나무심용맹불

南無淸撤光佛 나무청철광불

南無離惡道佛 나무리악도불

南無無垢瑠璃佛 나무무구유리불

南無寶勝佛 나무보승불
南無波頭摩勝佛 나무파두마승불
南無聲音無表識佛 나무성음무표식불
南無大焰身佛 나무대염신불
南無坊毘佛 나무구비불

南無濘登佛 나무염부등불
南無寶華佛 나무선취광인화부체불

나무수미암불
나무무량명칭덕광불
나무천제당불
나무종지불
나무금강저세불
나무허공륜정왕불
나무구안불

二一六

南無慧炬照明佛 나무혜거조명불
南無日成德莊嚴佛 나무일성덕장엄불
南無不動智光佛 나무부동지광불
南無正覺中王佛 나무정각중왕불
南無正邊願佛 나무정변원불
南無寶場輪上尊王佛 나무보장륜상존왕불
南無無垢慧佛 나무무구혜불

南無光極明佛 나무광극명불
南無色幢星王佛 나무색당성왕불
南無成德自在王佛 나무성덕자재왕불
南無尊寶佛 나무존보불
南無妙法佛 나무묘법불
南無瞻婆伽色佛 나무첨파가색불
南無信衆生佛 나무신중생불

二一七

南無在寶佛 나무재보불

南無勝威德色佛 나무승위덕색불

南無悲慈意佛 나무비자의불

南無蓮華葉眼佛 나무연화엽안불

南無懷眼佛 나무회안불

南無虛空意佛 나무허공의불

南無歡喜王佛 나무환희왕불

南無放天威佛 나무방천위불

南無施寶光佛 나무시보광불

南無無諍行佛 나무무쟁행불

南無得脫一切縛佛 나무득탈일체박불

南無執教飾佛 나무집교식불

南無能與樂佛 나무능여락불

南無大積佛 나무대적불

南無發起一切衆生信佛
나무발기일체중생신불

南無十方稱名佛
나무시방칭명불

南無龍尊佛
나무룡존불

南無香上佛
나무향상불

南無不隨他佛
나무불수타불

南無寶回佛
나무보회불

南無美快德佛
나무미쾌덕불

南無至大佛
나무지대불

南無無對光佛
나무무대광불

南無快見佛
나무쾌견불

南無大懷佛
나무대회불

南無大化佛
나무대화불

南無大車華佛
나무대거화불

南無觀見一切境界佛
나무관견일체경계불

南無諸宰釋中王佛 나무제제석중왕불

南無華威佛 나무화위불

南無無量際威佛 나무무량제위불

南無香威佛 나무향위불

南無安隱德佛 나무안은덕불

南無發一切衆生不斷修行佛 나무발일체중생부단수행불

南無寶成佛 나무보위불

南無戒味佛 나무계미불

南無普威佛 나무보위불

南無能眞眼佛 나무능여안불

南無上憧佛 나무상당불

南無金剛遍照十方佛 나무금강변조시방불

南無顯現佛 나무현현불

南無在德佛 나무재덕불

南無平等作佛 나무평등작불
南無普威德佛 나무보위덕불
南無華成功德佛 나무화성공덕불
南無悅音聲佛 나무열음성불
南無普月佛 나무보월불
南無尊威佛 나무존위불
南無一切法無觀佛 나무일체법무관불

南無無比佛 나무무비불
南無不可量寶體勝佛 나무불가량실체승불
南無堅固衆生佛 나무견고중생불
南無施威佛 나무시위불
南無臂月佛 나무비월불
南無不動心佛 나무부동심불
南無幢旛佛 나무당번불

南無俱蘇摩成佛 나무구소마성불

南無香尊佛 나무향존불

南無能爲主佛 나무능위주불

南無聚威佛 나무취위불

南無喩寶佛 나무유보불

南無迦陵頻伽聲佛 나무가릉빈가성불

南無十方娛樂佛 나무시방오락불

南無普豊音佛 나무보풍음불

南無勝命佛 나무승명불

南無幢威佛 나무당위불

南無日輪光明勝佛 나무일륜광명승불

南無堅精進思惟成就義佛 나무견정진사유성취의불

南無大龍威佛 나무대룡위불

南無善寂成就佛 나무선적성취불

南無稱一切衆生念勝功德佛
나무칭일체중생염승공덕불

南無常相應語佛
나무상상응어불

南無喩如須彌山佛
나무유여수미산불

南無雲中自在王佛
나무운중자재왕불

南無蓮華葉淨佛
나무연화엽정불

南無賢智不動佛
나무현지부동불

南無寶臺佛
나무보대불

南無天帝釋淨幢佛
나무천제석정당불

南無栴檀雜香樹佛
나무전단잡향수불

南無雲中自在燈明佛
나무운중자재등명불

南無除世畏覺悟佛
나무제세외각오불

南無星王華佛
나무성왕화불

南無力士王佛
나무역사왕불

南無象鷲師子嚴雷難過上佛
나무상취사자암뢰난과상불

南無普禪佛 나무보선불
南無功德成就佛 나무공덕성취불
南無十方上佛 나무시방상불
南無威嚴佛 나무위엄불

南無華滿十方佛 나무화만시방불
南無波樓那天佛 나무파루나천불
南無頗리구광佛 나무파리구광불
南無須彌相佛 나무수미상불

회 향 문

사경제자 :　　　　　　　　　　　　　　　　　　　　합장

사경시작 일시 :　　　　　　　　　　　　　년　월　일

❂ 정성스럽게 쓰신 사경본 처리 방법 ❂

· 가보로 소중히 간직합니다.
· 본인이 지니고 독송용으로 사용합니다.
· 다른 분에게 선물합니다.
· 돌아가신 분을 위한 기도용 사경은 절의 소대에서 불태워 드립니다.
· 법당, 불탑, 불상 조성시에 안치합니다.

도서출판 窓 "무량공덕 사경" 시리즈

제1권	반야심경 무비스님 편저		제11권	불설아미타경 무비스님 편저
제2권	금강경 무비스님 편저		제12권	원각경보안보살장 무비스님 편저
제3권	관세음보살보문품 무비스님 편저		제13권	천지팔양신주경 무비스님 감수
제4권	지장보살본원경 무비스님 편저		제14권	대불정능엄신주 무비스님 편저
제5권	천수경 무비스님 편저		제15권	수보살계법서 무비스님 편저
제6권	부모은중경 무비스님 편저		제16권	백팔대참회문 무비스님 편저(근간)
제7권	목련경 무비스님 편저		제17권	미륵삼부경 무비스님 편저(근간)
제8권	삼천배 삼천불 무비스님 편저		제18권	화엄경약찬게 무비스님 편저(근간)
제9권	보현행원품 무비스님 감수		제19권	법성게 무비스님 편저(근간)
제10권	신심명 무비스님 편저		제20권	묘법연화경(전7권) 무비스님 편저(근간)

도서출판 窓 "무량공덕 우리말 사경" 시리즈(근간)

제1권	우리말 반야심경 무비스님 편저		제6권	우리말 부모은중경 무비스님 편저
제2권	우리말 금강경 무비스님 편저		제7권	우리말 예불문 무비스님 편저
제3권	우리말 관세음보살보문품 무비스님 편저		제8권	우리말 백팔대참회문 무비스님 편저
제4권	우리말 지장보살본원경 무비스님 편저		제9권	우리말 묘법연화경(전7권) 무비스님 편저
제5권	우리말 천수경 무비스님 편저		제10권	우리말 삼천배 삼천불 무비스님 감수

도서출판 窓 "묘법연화경 한지 사경" 시리즈 무비스님 감수

제1권	묘법 연화경 (제1품, 제2품)
제2권	묘법 연화경 (제3품, 제4품)
제3권	묘법 연화경 (제5품, 제6품, 제7품)
제4권	묘법 연화경 (제8품, 제8품, 제9품, 제10품, 제11품, 제12품, 제13품)
제5권	법 연화경 (제14품, 제15품, 제16품, 제17품)
제6권	묘법 연화경 (제18품, 제19품, 제20품, 제21품, 제22품, 제23품)
제7권	묘법 연화경 (제24품, 제25, 제26품, 제27품, 제28품)

※표지: 비단표지, 본문: 고급국산한지

¤ "무량공덕 사경" 시리즈는 계속 간행됩니다.

☆ 법보시용으로 다량주문시 특별 할인해 드립니다.
☆ 원하시는 불경의 독송본이나 사경본을 주문하시면 정성껏 편집·제작하여 드립니다.

◆무비(如天 無比) 스님
· 전 조계종 교육원장.
· 범어사에서 여환스님을 은사로 출가.
· 해인사 강원 졸업.
· 해인사, 통도사 등 여러 선원에서 10여년 동안 안거.
· 통도사, 범어사 강주 역임.
· 조계종 종립 은해사 승가대학원장 역임.
· 탄허스님의 법맥을 이은 강백.
· 화엄경 완역 등 많은 집필과 법회 활동.

▶저서와 역서
· 『금강경 강의』, 『보현행원품 강의』, 『화엄경』, 『예불문과 반야심경』, 『반야심경 사경』 외 다수.

삼천배 삼천불

초판 발행일 · 2007년 4월 15일
7쇄 발행일 · 2023년 4월 25일
감　수 · 무비스님
펴낸이 · 이규인
편　집 · 천종근
펴낸곳 · 도서출판 窓
등록번호 · 제15-454호
등록일자 · 2004년3월 25일

주소 · 서울특별시 마포구 대흥로4길 49, 1층(용강동 월명빌딩)
전화 · 322-2686, 2687/팩시밀리 · 326-3218
e-mail · changbook1@hanmail.net
홈페이지 · http://www.changbook.co.kr

ISBN 978-89-7453-139-3　04220
정가　11,500원

* 파손된 책은 구입하신 서점이나 《도서출판 窓》에서 바꾸어 드립니다.
☞ 염화실(http://cafe.daum.net/yumhwasil)에서 무비스님의 강의를 들을 수 있습니다.